Persönlicher Steuerratgeber

Steuertips für Unternehmer und Führungskräfte

© 1998 WM Wirtschafts-Medien AG, BILANZ, Zürich
Alle Rechte vorbehalten
Autor: Dr. Thomas Fischer
Projektleitung und Realisation: additiv AG, Wettingen
Litho: ColorServ AG, Winterthur
Druck: Druckerei Winterthur dw AG, Winterthur
ISBN 3-909167-00-4

Lieber BILANZ-Leser

Aus meiner langen Erfahrung als Steuerberater weiss ich, dass praktisch alle Steuerzahler unnötig viel Steuern bezahlen. Und warum ist das so? Weil die meisten Steuerzahler erst beim Ausfüllen der Steuererklärung ans Steuersparen denken.

Steuern sparen aber heisst Steuern planen. Beim Ausfüllen der Steuererklärung ist es dafür zu spät. Denn die Steuererklärung ist lediglich eine Zusammenfassung Ihres Einkommens und Ihrer Abzüge einer vergangenen Periode. Sie können am Einkommen und Vermögen nichts mehr ändern und höchstens überlegen, ob Sie diese oder jene Auslage auf der Steuererklärung auch noch abziehen wollen, z.B. ein Arbeitszimmer, der Kauf eines PCs etc. An Ihrer Steuerbelastung ändert dies wenig.

Wenn Sie Ihre Steuern wesentlich und während möglichst vielen Jahren senken wollen, dann müssen Sie sich grundlegende Gedanken machen. Zum Beispiel über Ihre Vermögensstruktur. Hochverzinsliche Obligationen zum Beispiel gehören nicht ins Wertschriftendepot eines Hochverdieners. Und eine völlig abbezahlte Hypothek ist auch nicht der Weisheit letzter Schluss. Und eine Leibrente kaufen für später macht keinen Sinn, wenn Sie in einer hohen Steuerprogression sind.

Wenn Sie zu einzelnen Themen mehr wissen wollen, hilft Ihnen mein Buch Persönliche Steuer- und Vorsorgeplanung – ein Ratgeber für Unternehmer und Führungskräfte weiter. Dieses umfassende Nachschlagewerk enthält (fast) alles, was Sie zu den Themen «Steuern» und «Vorsorge» wissen sollten. Sie können dieses Buch bei mir oder im Buchhandel beziehen.

Wenn Sie sich speziell für Steuerfragen im Zusammenhang mit Liegenschaften interessieren, empfehle ich Ihnen mein Buch

Steuerratgeber für Hauseigentümer. Sie können es beim Schweizerischen Hauseigentümerverband in Zürich oder direkt bei mir bestellen.

Viele interessante und täglich aktualisierte Gratisinformationen zu Steuern und Vorsorge finden Sie auf meiner Website unter www.dr-fischer-partner.ch. Sie enthält auch einen Fragebogen zu Ihren persönlichen und finanziellen Verhältnissen. Wenn Sie ihn ausfüllen und mir zustellen, berechne ich Ihnen kostenlos die jährliche Steuereinsparung, die bei Ihnen möglich ist.

Baar, im November 1998
Dr. Thomas Fischer

Firmenanschrift
Dr. Thomas Fischer & Partner
Blegistrasse 11b
6342 Baar-Sihlbrugg

Telefon: 041-768 11 55
Fax: 041-768 11 66
E-Mail: office@dr-fischer-partner.ch
Website: www.dr-fischer-partner.ch

Inhaltsverzeichnis

		Seite
1.	**Die Steuererklärung — mehr Frust als Lust**	**6**
1.1	Schuldzinsenabzug	6
1.2	Beiträge an die AHV, Pensionskasse und Säule 3a	7
1.3	Versicherungsprämien	8
1.4	Alimente	8
1.5	Krankheitskosten	8
1.6	Kosten der Fahrt zur Arbeit	9
1.7	Verpflegungskosten	9
1.8	Berufskleider	10
1.9	Arbeitsmittel (PC, Fax, Fachliteratur etc.)	10
1.10	Aus- und Weiterbildungskosten	11
1.11	Reise- und Repräsentationsspesen	11
1.12	Privates Arbeitszimmer	12
1.13	Verschiedene Abzugsmöglichkeiten	13
1.14	Vermögensverwaltungskosten	14
1.15	Unterhalts-, Verwaltungs- und Renovationskosten von Liegenschaften	16
1.16	So vermeiden Sie Rückfragen zu Ihrer Steuererklärung	19
2.	**So wählen Sie Ihren Steuerberater aus**	**26**
3.	**Persönliche Steuer-, Vermögens- und Vorsorgeplanung – ein Beispiel aus der Praxis**	**30**
3.1	Die Ausgangslage	31
3.2	Die Gesamtplanung	32
3.3	Die Analyse	32
3.4	Die Zielsetzungen	37
3.5	Die Massnahmen	38
3.6	Die Ergebnisse	42
3.7	Aktualisierung der Gesamtplanung	51
3.8	Die Schlussfolgerung	51
4.	**Steuertips für Führungskräfte**	**53**
4.1	Steuerfreie Nebenleistungen	53
4.2	Stock Options und Mitarbeiteraktien	53
4.3	Säule 3a – Geschenk vom Fiskus	53
4.4	Steueroptimierung	54
4.5	Lifecycle-gerechte Säule-3a-Policen	56
4.6	Berufliche Vorsorge – Steuersparchance Nr. 1	56
4.7	Einzelprämienversicherungen – sicher, steuergünstig, rentabel	59
5.	**Steuertips für Frühaussteiger**	**62**
5.1	Finanzierung von Einkommenslücken	62
5.2	Steueroptimaler Pensionskassenbezug	62
5.3	Kapital oder Rente?	62
5.4	Vor- und Nachteile der Pensionskassenrente	66
5.5	Vor- und Nachteile der privaten Leibrente	68

		Seite
6.	**Steuertips für Liegenschaftenbesitzer**	**70**
6.1	Mietertrag und Eigenmietwert	70
6.2	Vermögenssteuerwert	71
6.3	Geld anlegen oder Hypothek zurückzahlen	72
6.4	Indirekt amortisieren, direkt Steuern sparen	73
7.	**Steuertips für Rentner**	**78**
8.	**Steuertips für Konkubinatspaare**	**79**
8.1	Wirtschaftliche Besserstellung Ihres Lebenspartners im Erbgang	79
8.2	Vermeiden Sie hohe Einkommens-, Erbschafts- und Schenkungssteuern	79
9.	**Steuertips für Kinderlose**	**81**
10.	**Steuertips für Familienaktionäre und GmbH-Teilhaber**	**82**
11.	**Steuertips für Selbständigerwerbende**	**84**
12.	**Steuertips für Anleger**	**86**
12.1	Empfehlenswerte Anlagen und Dispositionen	86
12.2	Anlagen und Dispositionen, die Sie vermeiden sollten	87
12.3	Gewerbsmässiger Wertschriftenhandel	88
13.	**Steuertips für Firmengründer**	**90**
13.1	Rechtsform	90
13.2	Privatvermögen – Geschäftsvermögen	90
13.3	Bilanzstruktur	91
13.4	Zwischenveranlagung	91
13.5	Mitarbeit des Ehe- / Lebenspartners	92
13.6	Erster Jahresabschluss	92
13.7	Vorsorge	92
13.8	Steuern bei der Gründung	93
14.	**Steuertips für Doppelverdiener**	**94**
15.	**Steuertips für Scheidungskandidaten**	**95**
16.	**Publikationen und Steuer-Service**	**97**
16.1	Allgemein	97
16.2	Berufliche Vorsorge	97
16.3	Vermögensanlagen	98
16.4	Vermögensnachfolge	99
16.5	Steuern	99
16.6	Vorsorgeplanung – Gesamtplanung	100

1. Steuererklärung – mehr Frust als Lust

Wenn Sie unsicher sind, ob Sie einen bestimmten Abzug auf der Steuererklärung geltend machen können, so konsultieren Sie am besten zuerst die Wegleitung zur Steuererklärung, die Ihnen zusammen mit den Steuererklärungsformularen zugestellt wurde. Ist Ihnen dann immer noch nicht klar, ob ein Abzug möglich ist und wie er berechnet wird, rufen Sie am besten die Steuerverwaltung an und erkundigen sich bei einem der Steuerkommissäre. Auch ein Steuerberater kann weiterhelfen, wenn er mit der Steuergesetzgebung und der Steuerpraxis im betreffenden Kanton vertraut ist.

1.1 Schuldzinsenabzug

- Grundsätzlich sind Schuldzinsen vollumfänglich abzugsfähig, vorbehältlich Steuerumgehung. Abzugsbeschränkung auf den steuerbaren Vermögensertrag im Kanton Genf.

- Abzugsfähig sind Zinsen auch dann, wenn sie noch nicht in Rechnung gestellt wurden, in diesem Fall Abzug pro rata für die Bemessungsperiode.

- Der Schuldzinsteil von Leasingraten ist nicht abzugsfähig.

- Verzugszinsen, z.B. auf verspätet bezahlten Steuerrechnungen, sind abzugsfähig.

- Vorschüssig geschuldete Zinsen sind ebenfalls abzugsfähig, auch wenn sie zum Teil die nächste Steuerperiode betreffen.

- Die Auflösungskommission bei vorzeitiger Auflösung von Festhypotheken, sofern das Kreditverhältnis weitergeführt wird, ist abzugsfähig.

- Zinsteil von Annuitätenzahlungen ist abzugsfähig.

- Bei Zinsstufenhypotheken aufgestockte, noch nicht bezahlte Hypothekarzinsen sind abzugsfähig.
- Risikoprämien für Hypotheken mit Zinsdach sind abzugsfähig.
- Einmalzahlungen bei Disagio-Hypotheken sind abzugsfähig.
- Baurechtszinsen auf selbstbewohnten Liegenschaften sind abzugsfähig in den Kantonen TI, ZH, VD, BE, JU, BL, AG, SZ, NW, UR, SH und GR.
- Baurechtszinsen auf vermieteten Liegenschaften sind mit Ausnahme von VS, FR und GE immer abzugsfähig.
- Baukreditzinsen sind in den Kantonen ZH, BE, SZ, OW, NW, BL, AR, AG, VS und JU abzugsfähig.

1.2 Beiträge an AHV, Pensionskasse und Säule 3a

- Alle AHV-Beiträge sind abzugsfähig, inklusive AHV-Beiträge von Nichterwerbstätigen.
- Laufende Pensionskassenbeiträge sind vollumfänglich, Nachzahlungen für fehlende Beitragsjahre und Leistungsverbesserungen sowie Erhöhungsbeiträge für zusätzliche Lohnbestandteile sind abzugsfähig, sofern sie nicht zu einer Überversicherung führen.
- Unselbständigerwerbende, die einer Pensionskasse angehören, können Prämien an die Säule 3a von maximal Fr. 5'731.– pro Jahr abziehen.
- Unselbständigerwerbende, die keiner Pensionskasse angehören, können maximal Prämien an die Säule 3a von 20% ihres Erwerbseinkommens abziehen.
- Selbständigerwerbende können maximal 20% des Erwerbseinkommens, jedoch nicht mehr als Fr. 28'656.–, als Prämie an die Säule 3a abziehen, falls sie keiner Pensionskasse angeschlossen sind.

- Auch erwerbstätige Ehegatten können Säule-3a-Prämien einzahlen und abziehen.

1.3 Versicherungsprämien

- Versicherungsprämien können lediglich im Rahmen der kantonalen Pauschalen abgezogen werden. Sie sind oft mit dem Sparzinsabzug kombiniert.

1.4 Alimente

- Ehegattenalimente sind im Bund und in allen Kantonen abzugsfähig.

- Kinderalimente sind nur in den Kantonen BE, LU, UR, SZ, OW, NW, GL, ZG, FR, SO, BS, SH, AR, AI, SG, TI, VD, VS, NE, GE, JU sowie beim Bund abzugsfähig.

1.5 Krankheitskosten

Grundsätzlich sind Krankheitskosten nicht abzugsfähig. Einige kantonale Steuergesetze sehen jedoch Sozialabzüge für Krankheitskosten und die Kosten schwerer Invalidität vor. Zu den Krankheits- und Invaliditätskosten zählen auch

- Kosten für Haushalthilfen und Pflegerinnen für Pflegebedürftige;
- Augenärztlich verordnete Brillen;
- Hörgeräte und andere Hilfen;
- Diabetes-Mehrkosten, z.B. für Spezialernährung;
- durch Berufskrankheiten und Berufsunfälle bedingte Kosten sind abzugsfähig, soweit sie nicht vom Arbeitgeber oder einer Versicherung gedeckt werden;
- einige Kantone gewähren Abzüge für Zahnarztkosten (vgl. Wegleitung zur Steuererklärung);

- die Abzüge für Pflegebedürftigkeit und Invalidität sind kantonal unterschiedlich geregelt (vgl. Wegleitung zur Steuererklärung);
- Kosten von Privatfahrzeugen und Taxis für Invalide;
- Kosten spezieller Vorrichtungen für invalide Aussendienstmitarbeiter, soweit nicht von der IV übernommen.

1.6 Kosten der Fahrt zur Arbeit

Folgende Abzüge sind zulässig:

- Kosten des öffentlichen Verkehrsmittels zwischen Wohn- und Arbeitsort, wenn der Weg zu Fuss nicht zumutbar ist. Bei besonderen Umständen ist der Abzug 1. Klasse gestattet (gesundheitliche Gründe, Arbeit während der Fahrt).
- Kosten eines Privatfahrzeuges, wenn Weg zu Fuss oder die Benützung eines öffentlichen Verkehrsmittels wegen ausgesprochen schlechter Fahrplanverhältnisse und / oder mehrmaligen Umsteigens nicht zumutbar ist oder ein öffentliches Verkehrsmittel fehlt oder besondere persönliche Umstände vorliegen.
- Kosten eines Privatfahrzeuges für Fahrten nach Hause über den Mittag, wenn die Mittagsverpflegung am Arbeitsort nicht zumutbar ist, und bei Benützung eines öffentlichen Verkehrsmittels, wenn zu wenig Zeit für die Einnahme des Mittagessens verbleibt.
- Kosten eines Privatfahrzeuges bei Ausüben mehrerer Tätigkeiten an verschiedenen Arbeitsorten.

1.7 Verpflegungskosten

Eine berufliche Notwendigkeit und damit die Abzugsfähigkeit ist in folgenden Fällen gegeben:

- Grosse Entfernung zwischen Wohn- und Arbeitsort.
- Schlechte Verkehrsverbindung zwischen Wohn- und Arbeitsort.
- Kurze Mittagspause am Arbeitsplatz.

- Gebrechlichkeit, Invalidität usw.
- Ungewöhnliche Arbeitszeit infolge Schichtarbeit, Nachtarbeit, unregelmässiger Überzeit usw.
- Besonders aufwendige Verpflegung infolge schwerer körperlicher Belastung durch die Berufsarbeit.

1.8 Berufskleider

Unternehmer und Führungskräfte können für die Mehrkosten ihrer Anzüge und übrigen Bekleidungsstücke keinen Abzug vom Einkommen machen. Davon sind mir keine Ausnahmen bekannt. Ein Abzug ist nur für eigentliche Berufskleider gestattet, z.b. für Monteure, Mitarbeiter der Kehrichtabfuhr, Forstwarte etc. In diesen Fällen zahlt allerdings normalerweise der Arbeitgeber die Kosten der Kleidung. Berufskleider sind ausnahmsweise abzugsfähig, wenn sie

- nicht vom Arbeitgeber abgegolten werden;
- nicht durch Einsparungen im Gebrauch der gewöhnlichen Kleider kompensiert werden;
- für spezielle Arbeits- und Berufskleider verauslagt werden, die für die Ausübung des Berufes notwendig sind;
- nicht in der allgemeinen Berufskostenpauschale enthalten sind.

1.9 Arbeitsmittel
(PC, Fax, Fachliteratur, etc.)

Mit dem Aufkommen von PCs, privaten Fax- und Fotokopierergeräten, Natels, Kosten für Software, Internet und Börseninformatinsdienste stellt sich für viele Führungskräfte die Frage, ob sie solche Kosten vom Einkommen abziehen können. Generell gilt, dass die Kosten dann abzugsfähig sind,

- wenn die Anschaffung vom Arbeitgeber nicht vergütet wird und wenn sie nicht durch eine Berufsauslagenpauschale abgegolten werden;

- wenn die Anschaffung in einem unmittelbaren Berufszusammenhang steht und für die Ausübung des gegenwärtigen Berufes notwendig ist.

1.10 Aus- und Weiterbildungskosten

Weiterbildungskosten sind abzugsfähig, wenn

- die Auslage im Hinblick auf die berufliche Entwicklung und Weiterbildung getätigt wird und
- sie zur Erhaltung und Sicherung der gegenwärtigen Stellung notwendig ist und
- ein zeitlicher und sachlicher Zusammenhang mit der aktuellen beruflichen Tätigkeit vorliegt.
- Fahrtkosten an den Weiterbildungsort sind ebenfalls abzugsfähig.
- Kosten von Sprachkursen, sofern deren Besuch vom Arbeitgeber verlangt wird, sind abzugsfähig.
- Ausbildungs- und Umschulungskosten sind grundsätzlich nicht abzugsfähig; einige Kantone haben jedoch Abzugspauschalen festgelegt (vgl. Wegleitung zur Steuererklärung).

1.11 Reise- und Repräsentationsspesen

Ein besonders leidiges Kapitel sind die Pauschalspesen. Sie werden dem Arbeitnehmer vergütet für die Abgeltung von kleineren und grösseren Auslagen, bei denen aus Praktikabilitätsgründen vom Arbeitnehmer nicht verlangt werden kann, dass Quittungen beigebracht werden. Dazu gehören etwa Auslagen für Zeitungen, Getränke, Trinkgelder, Parkinggebühren, kleine Geschenke für Kunden, Bewirtung von Kunden zu Hause, Flughafentaxen, Kosten öffentlicher Verkehrsmittel, kleine Zwischenverpflegungen etc.

Die Höhe solcher Kosten hängt direkt von der Tätigkeit des betreffenden Mitarbeiters ab. Ein Marketing- oder Verkaufsleiter, der oft unterwegs ist, kann eine höhere Pauschale beanspruchen als ein Personalchef, der die Firma kaum je verlässt.

Ein Schreiben des Arbeitgebers, wonach die Pauschale nicht Lohncharakter hat, sondern der Abgeltung nicht belegbarer kleiner Auslagen dient, sollte in Zweifelsfällen der Steuererklärung beigelegt oder nachträglich beigebracht werden, wenn der Steuerkommissär die Pauschalspesen teilweise oder vollständig aufrechnen will.

Eine zusätzliche Begründung des Steuerpflichtigen, welche Auslagen ihm ausserhalb der Firma entstehen, kann nicht schaden.

Für Unternehmer und obere Führungskräfte sind Privateinladungen von Kunden, Geschäftspartnern usw. oft ein erheblicher Kostenfaktor. Es lohnt sich in solchen Fällen, eine Abrechnung zu erstellen, aus der die Kosten für den Einkauf der Lebensmittel und Weine hervorgeht, ebenso das Datum der Einladung sowie die Namen der Teilnehmer. Solche Abrechnungen haben einen hohen Beweischarakter und helfen mit, Pauschalspesen steuerlich durchzusetzen.

Im übrigen gelten folgende Grundsätze für Reise- und Repräsentationsspesen:

- Es sind nur nachgewiesene Kosten abzugsfähig, die nicht vom Arbeitgeber vergütet werden.

- Auslagen, die Privatcharakter haben, sind nicht abzugsfähig.

- Bei Pauschalspesen sind die Anforderungen an den Nachweis kantonal sehr unterschiedlich geregelt.

1.12 Privates Arbeitszimmer

Es sind mir nur sehr wenige Fälle bekannt, in denen die Kosten eines Arbeitszimmers einer Führungskraft erfolgreich vom Einkommen abgezogen werden konnten. Die Steuerverwaltung stellt sehr hohe Anforderungen für den Nachweis der geschäftlichen Notwendigkeit.

Am ehesten gelingt dieser Nachweis Führungskräften, die glaubhaft machen können, dass sie gewisse Arbeiten, wie etwa die längerfristige Unternehmungsplanung, die Erstellung von Konzepten und Strategien etc., nicht effizient in der Firma ausführen können, weil sie ständig gestört und abgelenkt werden.

Auch Führungskräfte und Unternehmer, die regelmässig 70 oder 80 Stunden pro Woche arbeiten, haben eine gute Chance, dass ihnen der Abzug für ein Arbeitszimmer bewilligt wird. Sie können nämlich geltend machen, dass sie bei der Arbeit zu Haus jeweils abends und an den Wochenenden zumindest bei ihrer Familie sind, was sicher besser ist, als wenn der Herr des Hauses sozusagen seine Freizeit in der Firma verbringt. Es ist immer alles eine Frage der glaubhaften Begründung.

Die Kosten beruflich genutzter, privater Arbeitsräume können unter folgenden Voraussetzungen abgezogen werden:

- Hauptsächliche und regelmässige Nutzung für geschäftliche Zwecke.
- Erledigung eines wesentlichen Teils der hauptberuflichen Tätigkeit in diesen Räumen.
- Eigens für die berufliche Tätigkeit gewählte Einrichtung.
- Praktische Unbenutzbarkeit des Raumes für private Zwecke.
- Kein geeigneter Raum am Arbeitsplatz verfügbar (Aussendienstmitarbeiter etc.).
- In einigen Kantonen sind die Kosten auswärtiger Zimmer von Wochenaufenthaltern abzugsfähig.
- Abzugsfähig sind meisten auch die Fahrtkosten der allwöchentlichen Heimkehr.

1.13 Verschiedene Abzugsmöglichkeiten
(vgl. auch Wegleitung zur kantonalen Steuererklärung)

- Weitere Kosten, soweit sie nachweisbar und im Zusammenhang mit der Berufsausübung stehen.
- Gemeinnützige Zuwendungen.
- Unterstützungsabzüge, evtl. auch an Lebenspartner, sofern dieser kein selbständiges Einkommen hat.
- Mandats- oder Parteisteuern sind in einzelnen Kantonen abzugsfähig.
- Gewerkschaftsbeiträge sind kantonal unterschiedlich geregelt.

- Kosten einer politischen Kampagne für ein öffentliches Vollamt, Abzug umstritten.
- Berufseinstiegskosten, Stellensuche, Abzug umstritten.
- Umzugskosten bei Verkürzung des Arbeitsweges, bei Residenzpflicht von Beamten, bei Umzug ins Ausland wegen Studienaufenthalt etc.

1.14 Vermögensverwaltungskosten

Beim Ausfüllen der Steuererklärung taucht immer wieder die Frage auf, welche Kosten im Zusammenhang mit der Wertschriftenverwaltung vom steuerbaren Bruttoeinkommen abgezogen werden können. Die kantonale Praxis ist sehr unterschiedlich. Zu beachten ist auch, dass es in verschiedenen Kantonen Abzugspauschalen gibt. Sie betragen je nach Kanton zwischen 0,5 und 3‰ des Steuerwertes der deklarierten Wertschriften und Guthaben, z.B. 1,5‰ des Steuerwertes der Wertschriften für die Erstellung des Wertschriftenverzeichnisses durch eine Bank im Kanton Zürich.

Sind die effektiven und nach allgemeinen Prinzipien steuerlich absetzbaren Vermögensverwaltungskosten höher als die kantonale Pauschale oder besteht überhaupt keine Pauschale, können die effektiven Kosten geltend gemacht werden. Generell sind all jene Kosten nicht abzugsfähig, die im Zusammenhang mit der Optimierung des Anlageertrages verauslagt werden, z.B. Kosten der Vermögensverwaltung durch Banken oder Vermögensverwalter.

Abzugsfähig sind insbesondere:

- Depotgebühren
- Schrankfach- und Safegebühren
- Inkassospesen für Coupons und Obligationenrückzahlungen
- Gebühren für die Auslieferung von Wertschriften
- Gebühren für das Erstellen des Wertschriftenverzeichnisses für die Steuererklärung sowie der Rückforderungs- und Anrechnungsanträge für ausländische Quellensteuern (kantonal sehr unterschiedlich geregelt)

- Kontoführungsspesen
- Kommissionen für fiduziarische Treuhandanlagen, jedoch nur in einigen Kantonen
- Entschädigung für die Willensvollstreckung

Nicht abzugsfähig sind:

- Emissions- und Umsatzabgaben
- Schweizerische Stempelabgaben
- Courtagen
- Kosten für Vermögensverwaltung durch Banken und Vermögensverwalter
- Kosten für Steuerberatung und Steuererklärung
- Nicht rückforderbare ausländische Quellensteuern
- Kosten für die Anschaffung von Fachliteratur
- Kosten für Seminare und Referate für Kapitalanleger
- Aufwendungen zur Durchsetzung des Anspruchs auf den Ertrag, z.B. die Kosten einer Schuldbetreibung oder eines Prozesses um eine Zinszahlung
- Abonnementskosten für Börsen- und Anlegerbriefe
- Kosten des Besuchs von Generalversammlungen
- Kosten eines Online-Anschlusses für Börseninformationen und Internet-Gebühren
- Telefongebühren, Telefax, Porti und Büromaterial, PC-Hardware und -Software
- Anwalts- und Gerichtskosten im Zusammenhang mit einer notleidenden Anleihe, für die Geltendmachung von Verantwortlichkeitsansprüchen etc.
- Kosten, welche die Erhaltung oder Sicherung des Vermögens bezwecken, dienen nur mittelbar der Einkommenserzielung. Ihre Abzugsfähigkeit ist umstritten.

1.15 Unterhalts-, Verwaltungs- und Renovationskosten von Liegenschaften

Die Frage, welche Liegenschaftskosten vom Einkommen abgezogen werden können, ist die wohl am häufigsten gestellte Frage beim Ausfüllen der Steuererklärung. Grundsätzlich sind nur die eigentlichen Verwaltungskosten wie Gebäudeversicherungsprämien sowie diejenigen Unterhaltskosten abzugsfähig, die lediglich den Wert der Liegenschaft erhalten und nicht vermehren. Die eigentlichen Betriebskosten im Zusammenhang mit der Nutzung der eigenen Liegenschaft wie Strom, Wasser, Gas, ARA- und Kehrichtgebühren etc. sind nicht abzugsfähig. Sie sind Kosten der Lebenshaltung, während sie bei vermieteten Liegenschaften vollumfänglich abgezogen werden können, soweit sie nicht auf den Mieter abgewälzt werden können.

Abzugsfähige Unterhaltskosten selbstbewohntes Einfamilienhaus / Stockwerkeigentum

- Kosten für den laufenden technischen Unterhalt

- Öffentlich-rechtliche Beiträge und Steuern

- Liftservice, Wassergrundgebühren, gemeinsamer Wasser- und Stromverbrauch, Unterhalt der gemeinsamen Gartenanlagen, Abo-Gebühren der Gemeinschaftsantenne bei Stockwerkeigentum

- Gartenunterhalt, jedoch ohne das erstmalige Anlegen von Bäumen, Sträuchern, Pflanzen, Mauern, Treppen etc. In einigen Kantonen können die Kosten des Gärtners nicht abgezogen werden.

- Reparaturen jeder Art wie Maler-, Tapezier-, Spengler-, Sanitär-, Schreinerarbeiten etc., soweit sie den Wert der Liegenschaft nicht erhöhen

- Reparatur und Ersatz von Hausgeräten aller Art wie Waschmaschinen, Geschirrspüler, Kühlschränke usw.

- Grössere Renovationen und Umbauten wie etwa die Modernisierung von Küche und Bädern, Ersatz des Heizsystems, Fassaden- und Fenstersanierungen usw.: Je nach Art der ausgeführten Arbeit wird die Steuerverwaltung einen Anteil als wertvermehrend und damit steuerlich nicht abzugsfähig qualifizieren. In einigen Kantonen gibt es dazu Ausscheidungskataloge, z.B. BE und AG

- Nicht nach dem Verursacherprinzip erhobene ARA- und Kehrichtgebühren

- Abwasserentsorgung, Strassenbeleuchtung und -reinigung

- Strassenunterhalt

- Als Objektsteuern erhobene Liegenschaftssteuern

- Reparatur und Erneuerung der gemeinschaftlichen Anlagen bei Stockwerkeigentum und Zuweisungen in den Renovationsfonds, sofern die Mittel tatsächlich für Renovationen benötigt und verwendet werden (kantonal unterschiedlich)

Nicht abzugsfähige Betriebskosten selbstbewohntes Einfamilienhaus / Stockwerkeigentum

- Verursacherspezifische Kehricht- und ARA-Gebühren
- Strom, Heizöl, Wasser, Gas
- Einmalige Strassenbeiträge
- Anschlussgebühren für Kanalisation

Abzugsfähige Verwaltungskosten

- Sachversicherungsprämien für Feuer-, Haushaftpflicht-, Wasserschaden- und Hagelversicherung
- Haus- und Stockwerkeigentumsverwaltung durch Dritte
- Eigene Telefon-, Porto- und Inseratekosten bei der Verwaltung von Renditeliegenschaften

- Bankspesen
- Anwalts-, Gerichts- und Vollstreckungskosten im Zusammenhang mit der Einforderung von Mietzinsen

Nicht abzugsfähige Verwaltungskosten

- Entschädigung für die eigene Arbeit
- Fahrzeugkosten und Büromiete
- Kosten von Bauprojekten
- Kosten für die Errichtung von Hypotheken
- Kosten von Gebäudeschätzungen

Energiesparende Aufwendungen (kantonal unterschiedlich)

Generell sind energiesparende Aufwendungen abzugsfähig. In einigen Kantonen gilt ein Teil als wertvermehrend und ist dementsprechend nicht abzugsfähig. Die Wegleitung zur Steuererklärung gibt darüber Auskunft.

- Neuisolation der Fassade oder des Daches
- Isolierfenster
- Nachisolationen
- Sonnenkollektoren
- Erdsonden und Wärmepumpen
- Energiesparende Heizkessel

Renovationskosten

In erster Linie stellt sich die Frage, welcher Teil der Renovationskosten abzugsfähiger Aufwand für die Werterhaltung und welcher Teil nicht abzugsfähige Wertvermehrung ist.

- Für die Abgrenzung bestehen in einigen Kantonen Richtlinien oder Weisungen, z.B. in BE, AG, SZ etc. Er-

- kundigen Sie sich bei der Steuerverwaltung nach den Abgrenzungskriterien.

- Die Renovationskosten sollten nach Möglichkeit auf mehrere Steuerperioden verteilt werden, um die Steuerprogression während mehreren Jahren zu brechen.

- In den meisten Kantonen können die Kosten von Renovationen innert 5 bis 8 Jahren seit Erwerb der Liegenschaft oder Erbteilung steuerlich nicht abgezogen werden. Diese Regel wird jedoch in den meisten Kantonen derzeit geändert. Erkundigen Sie sich vor der Renovation über die aktuelle und allenfalls in Änderung befindliche Regelung.

Eigenmietwertabzug, Unternutzungsabzug

- Einige Kantone gewähren einen Abzug vom Eigenmietwert selbstgenutzten Wohneigentums und / oder vom Mietzins (z.B. ZG, SZ). Mit dem Inkrafttreten des Steuerharmonisierungsgesetzes am 1.1.2001 werden diese Abzüge aufgehoben, da sie dem Bundesrecht widersprechen.

- Unternutzungsabzug in den Kantonen UR, SZ, OW, ZG, SO, SH und beim Bund, wenn die (strengen) Voraussetzungen erfüllt sind.

1.16 So vermeiden Sie Rückfragen zu Ihrer Steuererklärung

Sie sollten der Steuererklärung alle Unterlagen und Erklärungen beilegen, welche helfen, nähere Begründungen und Erklärungen zu einzelnen Positionen zu geben. Sie erleichtern damit dem Steuerkommissär die Arbeit und vermindern seine Neigung, Rückfragen an Sie zu stellen und weitere Unterlagen einzufordern.

Mit stichhaltigen Erklärungen und Begründungen sowie vollständigen Belegen erreichen Sie ausserdem, dass vielleicht zweifelhafte Abzüge wie etwa Pauschalspesen, Abzug für ein privates Arbeitszimmer oder Abzüge für PC, Fax etc. eher akzeptiert werden. Werden keine Begründungen mitgeliefert, so werden vielfach solche Positionen ohne nähere Erklärung gestrichen und zum steuerbaren Einkommen hinzugerechnet. Die folgende Checkliste zeigt, welche Beilagen und

Erklärungen zu den einzelnen Positionen der Steuererklärung beigelegt werden sollten.

Unselbständiges Erwerbseinkommen

- Beilage aller Lohnausweise der Bemessungsperiode inkl. diejenigen des Ehegatten

- Erläuterung allfälliger Lücken bei Unterbruch der Erwerbstätigkeit durch längere Weiterbildung, Auslandaufenthalte etc.

Nebeneinkommen

- Zusammenstellung der Erträge, evtl. mit Belegen, z.B. Bescheinigungen für VR-Honorare, Bezüge als Mitglied einer Kommission, Behörde etc.

- Erläuterung über Art und Dauer des Einkommens, falls nicht regelmässig

- Zusammenstellung der geltend gemachten Gewinnungskosten von Nebeneinkommen, möglichst mit Belegen

Einkommen aus Einzelfirma, einfachen Gesellschaften, Kollektiv- und Kommanditgesellschaften

- Jahresabschlüsse oder andere zweckdienliche Aufstellungen der Bemessungsperiode beifügen

- Falls verlangt, Fragebogen ausfüllen und beilegen

Einkommen aus unverteilten Erbschaften

- Todestag des Erblassers angeben

- Abrechnung über anteiliges Einkommen und Vermögen beifügen, evtl. kantonalen Fragebogen ausfüllen

Liegenschaftserträge

- Bei Vermietung einzelner Räume eines Einfamilienhauses den Mietzins angeben und diesen vom Eigenmietwert abziehen

- Verwaltungsabrechnungen von Renditeliegenschaften beilegen
- Bei Geltendmachung der effektiven Kosten anstelle des Pauschalabzuges Kostenaufstellung und Belege beifügen
- Für Kosten energiesparender Massnahmen Kostenaufstellung und Belege beifügen
- Renovationskosten in wertvermehrende und werterhaltende Renovationskosten aufteilen entsprechend den kantonalen Richtlinien und die dazugehörigen Belege beifügen

Wertschriften- und Beteiligungserträge

- Erträge und Vermögenssteuerwert bei kotierten Aktien und Obligationen gemäss Kursliste der Eidg. Steuerverwaltung aufführen oder Steuerausweise der Banken beilegen
- Falls vorhanden, schriftliche Mitteilung der kantonalen Steuerverwaltung über den Vermögenssteuerwert privater Firmenbeteiligungen beifügen
- Bei Festgeldern Laufzeiten und Zinssatz angeben
- Beilage der Dividendenabrechnungen von nicht kotierten Beteiligungen, z.B. der eigenen Aktiengesellschaft
- Kauf- und Verkaufsdatum von Wertschriften, Festgeldanlagen etc. angeben
- Belege für geltend gemachte Vermögensverwaltungskosten beilegen

Renten und Pensionen (AHV, IV, Säulen 2 und 3 etc.)

- Bescheinigung über Renten beilegen, wenn eine Rente erstmals in der Steuererklärung aufgeführt wird
- Bescheinigung über Auszahlungen von Säule-3a-Guthaben, Pensionskassenguthaben oder Vorbezügen aus Pensionskassen beilegen, damit der Steuerkommissär den Grund für einen allfälligen Vermögenszuwachs erfährt

Kapitalgewinne (Grundstück- / Beteiligungsgewinne etc.)

- In der Regel nicht steuerbar, jedoch Hinweis für die Vermögenszunahme
- Evtl. Beilage von Abrechnungen, Verkaufsverträgen etc.

Darlehen und Darlehenszinsen

Sind die geltend gemachten Schuldzinsen für den Einschätzungsbeamten nachvollziehbar? Dazu gehören bei Privatdarlehen:

- Name und Adresse des Gläubigers
- Datum und Betrag der Darlehensaufnahme
- Zinssatz und Datum von Veränderungen
- Betrag und Datum von Amortisationen
- Bei ausländischen Gläubigern Bankbelege für Darlehensauszahlung und bezahlte Zinsen beifügen
- Bankausweise sowie Zinsabrechnungen von Versicherungsgesellschaften über Darlehensstand per Stichtag der Steuererklärung und in der Bemessungsperiode bezahlte Zinsen
- Sicherheit erwähnen (Grundpfand, Wertschriftendepot, Bürgschaften, Drittpfandbestellung etc.)

Pauschalspesen

- Ausführliche Begründung, welche Berufsauslagen mit den Pauschalspesen abgegolten werden, am besten durch den Arbeitgeber
- Gegebenenfalls Verweis auf das von der Steuerverwaltung genehmigte Spesenreglement des Arbeitgebers
- Darstellung des tatsächlichen Zusammenhangs zwischen den getätigten Spesen und der gegenwärtigen beruflichen Tätigkeit
- Begründung, warum private Bezahlung dieser Spesen nicht zumutbar ist
- Evtl. Vorlage eigener Aufzeichnungen für Auslagen, für die kein Beleg vorliegt, z.B. Trinkgelder und kleine Auslagen auf Reisen, Parkhausgebühren, Zeitungskäufe an Kiosken

- Kostenaufstellungen für geschäftliche Einladungen bei sich zu Hause beifügen mit Kosten, Namen der Gäste und Datum

Fahrtkosten

Falls Abzugsfähigkeit der Fahrzeugkosten fraglich, Begründung, warum die Benützung eines öffentlichen Verkehrsmittels nicht möglich oder nicht zumutbar ist, z.B. wegen

- ausgeprägt schlechten Fahrplanverhältnissen (Reisedauer für Arbeitsweg angeben, evtl. Details des SBB- oder Busfahrplanes)
- unregelmässiger Arbeitszeit
- fehlender Gleitzeitregelung
- Benützung des Fahrzeuges auch für Firmenzwecke während des Tages, direkter Besuch von Kunden vom Wohnort aus oder direkte Rückkehr von Kundenbesuch nach Hause

Berufsbedingte Mehrkosten der Verpflegung

- Falls Abzugsberechtigung zweifelhaft, ausführliche Begründung
- Grosse Entfernung zwischen Wohn- und Arbeitsort
- Schlechte Verkehrsverbindungen zwischen Wohn- und Arbeitsort
- Kurze Mittagszeit am Arbeitsplatz
- Gebrechlichkeit, Invalidität etc.
- Ungewöhnliche Arbeitszeit infolge Nachtarbeit
- Unregelmässige Überzeitarbeit, Schichtarbeit etc.

Fachliteratur, PC, Fax, Fotokopierer, Natel

Darstellen, dass folgende Bedingungen erfüllt sind:

- Anschaffung ist für die Berufsausübung notwendig, wurde jedoch vom Arbeitgeber nicht vergütet
- Direkter Zusammenhang mit der Einkommenserzielung gegeben
- Keine Abgeltung durch eine Berufsauslagenpauschale

Ausbildungs- und Weiterbildungskosten

- Darstellung des zeitlichen und sachlichen Zusammenhangs mit dem gegenwärtigen Beruf (evtl. Bestätigung des Arbeitgebers beifügen)
- Zeigen, dass die Aus- und Weiterbildung absolut notwendig ist zur Erhaltung und Sicherung der gegenwärtigen beruflichen Stellung (evtl. Weiterbildungsprogramm beifügen)
- Erklärung, dass keine oder teilweise Rückerstattung durch den Arbeitgeber erfolgt ist
- Kostenbelege beifügen, z.B. Ausweis über bezahlte Kurskosten

Abzug für die Kosten privater Arbeitsräume

- Nachweis führen, dass ein Teil der privaten Arbeitsräume hauptsächlich und regelmässig für berufliche Zwecke benützt wird
- Die Benützung muss berufsnotwendig sein
- Es muss dort ein wesentlicher Teil der beruflichen Arbeit erledigt werden
- Das Zimmer wird für keine anderen Zwecke benützt

Ehegatten- und Kinderalimente

- In der ersten Steuererklärung nach der Scheidung bzw. Trennung Auszug aus Gerichtsurteil beifügen
- Name und Adresse des geschiedenen Ehegatten
- Bezeichnung, ob Ehepaar- oder Kinderalimente, und Aufteilung

Beiträge an die 2. und 3. Säule

- Bescheinigungen beilegen über ordentliche und ausserordentliche Beiträge, z.B. Nachzahlungen für fehlende Beitragsjahre an die 2. Säule, falls nicht auf Lohnausweis ersichtlich
- Bescheinigungen der Bank oder Versicherungsgesellschaft beilegen über die im Rahmen der Säule 3a bezahlten Beiträge

Krankheitskosten

- Aufstellung und Belege von Ärzten, Zahnärzten, Spitälern etc.
- Belege über Rückerstattungen von Krankenkassen und Versicherungen beilegen

AHV-Beiträge von Nichterwerbstätigen

- Beitragsverfügung der AHV-Ausgleichskasse
- Zahlungsbeleg über bezahlte AHV-Prämien

Gemeinnützige Zuwendungen

- Aufstellung mit geleisteten Zuwendungen und Zahlungsbelegen
- Falls vorhanden, Bestätigung der Steuerverwaltung beifügen, dass die unterstützte Institution wohltätigen Charakter hat und deshalb Zuwendungen abziehbar sind.

2. So wählen Sie Ihren Steuerberater aus

Es gibt wenige Berufe, bei denen die Qualitätsunterschiede so gross sind wie bei Steuerberatern. Der Grund liegt darin, dass sich jeder Steuerberater oder Steuerexperte nennen kann; denn das sind keine gesetzlich geschützten Titel.

Ein Steuerberater muss nicht nur in der Lage sein, Ihre Steuererklärung korrekt auszufüllen. Er muss Sie bei Meinungsunterschieden mit der Steuerverwaltung auch kompetent und erfolgversprechend beraten und vertreten können. Dies wiederum ist abhängig von seinen fachlichen Qualifikationen und seiner persönlichen Durchsetzungsfähigkeit.

Darüber hinaus muss Ihr Steuerberater fähig sein, für Sie eine umfassende und längerfristig wirksame Steuersparstrategie zu entwickeln. Dabei müssen die Bereiche Vorsorge und Vermögensanlagen sowie Vermögensnachfolge einbezogen werden. Leider sind nur wenige Steuerberater zu einer umfassenden Steuer-, Vermögens- und Vorsorgeplanung fähig, weil sie vielfach nicht über das notwendige Fachwissen in den Bereichen Vorsorge, Vermögensanlage und Ehe- und Erbrecht verfügen. Oft fehlt es auch an der für eine solche Planung notwendigen Bereitschaft und Kreativität.

Aufgrund dieser umfassenden Aufgaben eines Steuerberaters wird klar, dass dessen Auswahl sorgfältig erfolgen muss und nicht auf die leichte Schulter genommen werden sollte. Wählen Sie ihn so bedacht aus wie einen Arzt in einer schwierigen gesundheitlichen Situation oder einen Geschäftspartner, denn wie mit diesem werden Sie auch mit Ihrem Steuerberater lange Jahre zusammenarbeiten. So jedenfalls sollte es sein. Die nachfolgende Checkliste soll Ihnen Entscheidungshilfen für die Wahl, aber auch für die Beurteilung Ihres jetzigen Steuerberaters geben.

Checkliste zur Auswahl Ihres Steuerberaters

Persönliche Integrität und Vertrauenswürdigkeit

- Macht er einen vertrauenswürdigen Eindruck?
- Haben Sie ein gutes Gefühl?
- Wurde er Ihnen empfohlen?

Berufliche Ausbildung als Steuerberater

- Bisherige berufliche Tätigkeit des Beraters im Steuerrecht
- Verfügt er über besondere Berufsabschlüsse (dipl. Steuerexperte, dipl. Bücherexperte, Treuhänder mit eidg. Fachausweis, dipl. Buchhalter, Hochschulabschluss etc.)?
- Verfügt er über langjährige Steuerpraxis als Steuerberater oder ehemaliger Steuerkommissär?
- Wie lauten allfällige Referenzauskünfte Dritter?

Der Steuerberater als Allrounder

- Verfügt er über betriebswirtschaftliche Kenntnisse?
- Ist er fähig, komplexe Verhältnisse im Gesamtzusammenhang zu sehen?
- Ist Ihr Steuerberater selber selbständiger Unternehmer oder Partner in einem Treuhandunternehmen?
- Hat Ihr Steuerberater Beratungsmandate von Unternehmen?
- Ist er im Verwaltungsrat aktiver Gesellschaften?

Der Steuerberater als Steuervertreter

- Wie ist seine generelle Haltung der Steuerverwaltung gegenüber, d.h. ist er kompromisslos bereit, Ihre Interessen durchzusetzen oder ist er zu konziliant wegen anderen Steuermandaten bei der gleichen Steuerverwaltung?

- Muss er aus politischen Gründen gegenüber der Steuerverwaltung Rücksicht nehmen, weil er ein öffentliches Amt bekleidet?
- Kann Ihr Steuerberater auf erfolgreiche Einsprachen, Rekurse und Beschwerden vor Verwaltungsbehörden und Gerichten verweisen?
- Verfügt Ihr Steuerberater über prozessuale Erfahrungen, um Ihren Fall sachkundig und entschieden vor höheren Instanzen zu vertreten? Am ehesten ist dies bei Anwälten der Fall.
- Kennt Ihr Steuerberater die Gesetzgebung und Verwaltungspraxis in Ihrem Kanton?
- Hält Sie Ihr Steuervertreter über den Verlauf von Einsprachen, Rekursen und Beschwerden auf dem laufenden?
- Sind die Einsprachen Ihres Steuervertreters fachlich nachvollziehbar und begründet, oder polemisiert er nur?
- Haben sich in der Vergangenheit die vom Steuerberater vorgeschlagenen Einsprachen mit allfälligem Weiterzug für Sie steuerlich gelohnt?

Ihr Steuerberater als kreativer Steuerplaner

- Begnügt sich Ihr Steuerberater nur mit dem Ausfüllen der Steuererklärung oder gibt er Ihnen konkrete Tips und Hinweise für Steuereinsparungen?
- Hat Ihr Steuerberater schon einmal umfassende Vorschläge unterbreitet, wie Ihr Vermögen steuersparend umstrukturiert werden könnte?
- Hat Sie Ihr Steuerberater schon einmal auf die zahlreichen Möglichkeiten der Kombination von Steuereinsparungen mit einer Verbesserung Ihrer Todesfall- und Altersvorsorge aufmerksam gemacht?
- Hat Ihnen Ihr Steuerberater schon einmal gesagt, wie Sie als Unternehmer Ihre Pensionskasse unter Steuer- und Vorsorgeaspekten optimieren können und wie Sie selbst als Unternehmer von diesen Verbesserungen am meisten profitieren können?
- Überprüft Ihr Steuerberater das Wertschriftenverzeichnis und an-

dere Vermögensanlagen kritisch und macht Sie auf steuerfreie, steuergünstige Vermögensanlagen aufmerksam?

- Hat Sie Ihr Steuerberater auch schon auf die Nachlassregelung (Ehevertrag, Testament) bzw. auf die Unternehmensnachfolge angesprochen?
- Kann Ihnen Ihr Steuerberater zu allgemeinen Steuerfragen Auskunft geben oder weicht er aus und muss sich stets zuerst erkundigen?
- Haben Sie die Gelegenheit, mit Ihrem Steuerberater die Steuererklärung, Ihre Vermögensanlagen sowie Ihre Alters- und Todesfallvorsorge zu besprechen?
- Zieht Ihr Steuerberater in Sonderfällen, wo er weniger Erfahrung hat, zu Ihrem Vorteil einen Spezialisten bei?
- Profitieren Sie als Unternehmer auch von den Erfahrungen Ihres Steuerberaters, indem er Ihnen Anregungen und Vorschläge auf nichtsteuerlichen Gebieten unterbreitet?
- Macht Sie Ihr Steuerberater bei der Erstellung der Steuererklärung auf gefährliche Vermögensentwicklungen aufmerksam und unterbreitet er von sich aus Vorschläge?
- Stehen die Honorarrechnungen des Steuerberaters in einem vernünftigen Verhältnis zu den erbrachten Leistungen?

Weitere Kriterien für die Wahl des Steuerberaters

- Hat Ihr Steuerberater Verhandlungsgeschick?
- Analysiert er sorgfältig und nutzt er Ihre steuerlichen Möglichkeiten aus?
- Kann er Ihnen auch komplexe Steuerproblematiken verständlich darlegen, damit Sie sich ein Bild machen können?
- Scheut er sich nicht, Ihre vielleicht zu optimistischen Vorstellungen auf ein realistisches Mass zu reduzieren?
- Gibt er Ihnen klare Empfehlungen?
- Ist eine sachgemässe Vertretung im Verhinderungsfall sichergestellt?

3. Persönliche Steuer-, Vermögens- und Vorsorgeplanung – ein Beispiel aus der Praxis

Markus Beck, Marketingleiter, 52, ist verunsichert. An der letzten Geschäftsleitungssitzung hat der Alleinaktionär informiert, dass er derzeit mit einer deutschen Firmengruppe verhandle, die in der Schweiz bereits zwei Konkurrenzfirmen besitze. Beck befürchtet, dass er bei einem allfälligen Verkauf der Firma und der anschliessenden Zusammenlegung der Marketingabteilung der drei Firmen seine Stelle verlieren könnte. Zusätzlich verunsichern ihn der Aktiencrash vom September 1998 und die weltweiten Turbulenzen an den Finanzmärkten. Vor diesem Hintergrund stellt sich Markus Beck, der zusammen mit seiner Gattin Iris und seinen beiden Töchtern Chantalle und Yvette in seinem Einfamilienhaus in der Stadt Luzern wohnt, folgende

Fragen

- Wie sicher ist mein Job, erhalte ich in meinem Alter nochmals eine vergleichbare Stelle?
- Von was lebe ich, wenn ich längere Zeit arbeitslos werde?
- Wie steht es mit meinen Vermögensanlagen in bezug auf Sicherheit, Rendite und Steuerfreundlichkeit?
- Soll ich die Hypothek auf dem Einfamilienhaus weiterhin mit Fr. 10'000.– jährlich amortisieren oder soll ich die Hypothek sogar aufstocken?
- Ist die jährliche Steuerrechnung von über Fr. 38'000.– unabänderliches Schicksal oder kann ich als Lohnempfänger etwas dagegen unternehmen?
- Ist meine Familie wirtschaftlich abgesichert, wenn mir etwas passiert?
- Soll ich zusätzliche Beiträge in die Pensionskasse einzahlen?
- Soll ich meine Aktien, die rund 40% an Wert verloren haben, verkaufen oder weitere Aktien zukaufen?

- Soll ich zusätzlich zur Pensionskasse meine private Vorsorge ausbauen?
- Ist meine Gattin bei meinem vorzeitigen Tod gegenüber den beiden Töchtern in finanzieller Hinsicht sichergestellt?
- Wie soll ich meine jährlichen Einnahmenüberschüsse sinnvoll anlegen?
- Erlaubt es mir meine finanzielle Situation, mich bereits im Alter 62 pensionieren zu lassen, ohne meinen bisherigen Lebensstandard einschränken zu müssen?

3.1 Die Ausgangslage

Bisher liess Markus Beck seine Steuererklärung von einem Bekannten ausfüllen, der Finanzchef einer mittelständischen Firma ist. Mit dem Steueramt hat Markus Beck noch nie Ärger gehabt, allerdings hat ihm sein «Steuerberater» auch noch nie einen Hinweis gegeben, wie er seine Steuerbelastung von Fr. 38'000.– pro Jahr senken könnte. Sein Lions-Kollege, Generalagent bei der Winterthur-Versicherung, hat ihm schon lange eine Einmalprämienversicherung empfohlen, sein Anlageberater bei der UBS, der alle ein oder zwei Jahre wechselt, ruft ihn jeweils an, wenn wieder eine Obligation fällig ist und fragt ihn, wie er das Geld neu anlegen soll, ohne allerdings die weiteren Vermögensanlagen von Markus Beck zu kennen. Der Versicherungsberater von der Rentenanstalt hat kürzlich eine Vorsorgeanalyse gemacht, ohne näher über die finanziellen Verhältnisse von Markus Beck und seine Risikofähigkeit informiert zu sein.

Viele Köche verderben den Brei, das gilt auch hier. Das unkoordinierte und isolierte Vorgehen der beschriebenen «Berater» hat dazu geführt, dass Markus Beck zu hohe Steuern bezahlt, die Alters- und Todesfallvorsorge ungenügend ist, zu hohe liquide Mittel auf der Bank liegen, die Hypotheken zu tief sind und der Aktienbestand zu gering ist. Ausserdem fehlt eine mittel- und langfristige Strategie bezüglich Vermögensaufbau, Ausbau der Altersvorsorge, Steueroptimierung und Weitergabe des Vermögens an Gattin Iris und die Töchter. Der beschriebene Zustand ist typisch für viele Führungskräfte. Die Einzelberater sind nur über Teilaspekte informiert, nicht aber über die Gesamtsituation ihres Kunden und dessen längerfristigen Absichten und finanziellen Zielsetzungen. Jeder Berater versucht, seine eigenen Interessen zu maximieren. Der Versicherungsberater will Vorsorgeprodukte oft ohne seriöse Abklärung der Vorsorgebedürfnisse seines Kunden verkaufen, der Bankberater will ihm bankeigene Produkte schmackhaft machen, da das für die Bank am besten ist, und der Steuerberater hat in der Regel keine Ahnung von Anlagemärkten, Vorsorgeprodukten und -strategien, oft auch nicht von längerfristigen Steuerstrategien.

3.2 Die Gesamtplanung

Kürzlich hat im Lions-Club ein unabhängiger Allfinanz-Berater einen Vortrag gehalten mit dem Thema «Private Steuer-, Vermögens- und Vorsorgeplanung – Luxus oder Notwendigkeit?». Dabei hat Markus Beck erstmals realisiert, dass nur ein koordiniertes Vorgehen und eine längerfristige Gesamtstrategie die gewünschten Resultate bringt, nämlich eine nachhaltige und massive Senkung der Steuerbelastung, die Optimierung der Todes- und Altersvorsorge, eine längerfristige Vermögensstrategie und die zweckmässige Regelung der Vermögensnachfolge auf Ehegattin und Kinder. Er ruft den Referenten an und vereinbart mit ihm einen Besprechungstermin. Dieser stellt ihm vorgängig zur Besprechung einen Fragebogen zu, mit dem Markus und Iris Beck detailliert Auskunft geben müssen über ihre persönlichen und finanziellen Verhältnisse. Weiter verlangt der Allfinanz-Berater die Kopie der Steuererklärung, der Lebensversicherungspolicen, den Pensionskassenausweis, einen aktuellen Depotauszug über die Wertschriften, eine Schätzung der Lebenshaltungskosten und eine Checkliste, auf der Markus Beck seine mittel- und längerfristigen persönlichen und finanziellen Ziele definieren und gewichten kann. Im anschliessenden rund 2stündigen Gespräch zwischen dem Allfinanz-Berater und dem Ehepaar Beck versucht der Berater, die mittel- und längerfristigen Absichten des Ehepaars Beck etwas genauer kennenzulernen, ebenso ihre Präferenzen bezüglich Vermögensanlagen, ihre Risikofähigkeit, ihr Verhältnis zu Schulden usw.

3.3 Die Analyse

Der Berater analysiert Vermögen, Einkommen sowie Alters- und Todesfalleistungen des Ehepaars Beck. Er kommt zu folgenden Schlüssen:

Vermögensstatus

	Verkehrswert Fr.	Total Fr.	Steuerwert Fr.
Sparhefte	150'000		150'000
Obligationen	200'000		200'000
Aktien	50'000		50'000
Total liquide Mittel / Wertschriften		**400'000**	
Einfamilienhaus		**800'000**	**600'000**
Gemischte Versicherung mit Jahresprämie	82'000		49'200
Gebundene Vorsorgepolice Säule 3a	45'000		
Pensionskasse	280'000		
Total Vorsorgeansprüche		**407'000**	
Total Vermögenswerte		**1'507'000**	**1'049'200**
SCHULDEN			
Hypothek Einfamilienhaus		150'000	150'000
Total Schulden		**150'000**	**150'000**
Steuerfreibetrag			50'000
Effektives / steuerbares Vermögen		**1'457'000**	**849'200**

- Das Vermögen ist nur zu rund 10% fremdfinanziert. Dies ist ein Hauptgrund für die hohe Steuerbelastung, weil nur geringe Schuldzinsen vom Einkommen abgezogen werden können.
- Die liquiden Mittel sind zu hoch.
- Angesichts des Anlagehorizonts von 10 Jahren bis zur Frühpensionierung ist der Aktienbestand mit Fr. 50'000.– zu tief.
- Die Vorsorgeansprüche sind im Hinblick auf die Frühpensionierung in 10 Jahren ungenügend.
- Das Hypothekardarlehen von knapp 20% des Verkehrswertes des Einfamilienhauses ist zu tief.

Einkommen (Siehe Tabelle Seite 35)

- Die Einkommenssituation zeigt, dass vor Bezahlung der Steuern ein jährlicher Einnahmenüberschuss von Fr. 61'800.– resultiert. Zieht man davon die Einkommens- und Vermögenssteuern von Fr. 38'200.– ab, resultiert ein Einnahmenüberschuss aus laufender Rechnung von Fr. 23'600.–. In diesem Umfang nehmen die liquiden Mittel oder Wertschriften pro Jahr zu.
- Der hohe Einnahmenüberschuss zeigt, dass kein Konzept für die gezielte Anlage dieser Überschüsse vorhanden ist, z.B. jährliche Nachzahlungen in die Pensionskasse oder ein Fondssparplan.
- Der Vermögenszuwachs von Fr. 71'000.– pro Jahr beträgt fast die Hälfte der Einnahmen und ist damit sehr hoch.

Steuern (Siehe Tabelle Seite 35)

Vermögen und Einkommen sind steuerlich ungünstig strukturiert, der Hauptgrund für die hohen Steuern:

- Fast der gesamte Wertschriftenertrag wird besteuert.
- Das steuerbare Einkommen von Fr. 130'000.– ist im Verhältnis zum Bruttoeinkommen von Fr. 162'000.– sehr hoch.
- Die direkte (freiwillige) Amortisation der Hypothek ist steuerlich

Einkommen – Vermögenszuwachs

	Steuerbares Einkommen	Einnahmen / Ausgaben
EINKOMMEN / EINNAHMEN		
Nettogehalt Markus Beck	130'000	130'000
Steuerfreie Pauschalspesen		6'000
Zinsertrag auf liquiden Mitteln, 2,5% von Fr. 150'000	3'800	3'800
Obligationen, 4% Normalverzinsung von Fr. 200'000	8'000	8'000
Aktien, 2% Dividenden von Fr. 50'000	1'000	1'000
Eigenmietwert Einfamilienhaus	19'600	
Total Einkommen / Einnahmen	**162'400**	**148'800**
STEUERABZÜGE / AUSGABEN		
Hypothekarzinsen, 4,5% von Fr. 150'000	6'800	6'800
Unterhalt Einfamilienhaus	3'900	4'500
Verschiedene Sozialabzüge	15'400	
Beitrag an die Säule 3a	5'700	5700
Nachzahlung Pensionskasse[1]		
Amortisation Hypothekardarlehen		10'000
Fondssparplan		
Lebensunterhaltskosten		60'000
Total Abzüge / Ausgaben	**31'800**	**87'000**
Steuerbares Einkommen	**130'600**	
Einnahmenüberschuss vor Steuern		61'800
Abzüglich Einkommens- und Vermögenssteuern[2]		-38'200
Einnahmenüberschuss nach Steuern		23'600
WERTZUWACHS AUF:		
Pensionskasse und Säule 3a		34'700
Aktien, 6% von Fr. 50'000		3'000
Amortisation Hypothekardarlehen		10'000
Vermögenszuwachs pro Jahr		**71'300**

[1] 1998 werden Fr. 50'000 nachbezahlt, nachher Fr. 10'000 jährlich
[2] verheiratet, 2 Kinder, röm. kath.

- Die Hypothekarzinsen von Fr. 6'000.– sind im Verhältnis zum Eigenmietwert von Fr. 19'600.– zu tief.

- Die Steuern von rund Fr. 38'000.– betragen einen Viertel der Einnahmen und sind damit viel zu hoch. Markus Beck arbeitet die ersten drei Monate des Jahres ausschliesslich für den Staat.

- Die Steuerprogression beträgt rund 38%, d.h. pro Fr. 1'000.– Mehreinkommen steigt die Steuerbelastung um Fr. 380.–.

Vorsorgeleistungen

Markus Beck ist bei der Pensionskasse und der Kaderversicherung seines Arbeitgebers versichert. Er besitzt zudem eine gebundene Vorsor-

Vorsorgeleistungen (bei Pensionierung im Alter von 62 Jahren)

	Todesfallleistungen		Altersleistungen	
	Kapital Fr.	Rente pro Jahr Fr.	Kapital Fr.	Rente pro Jahr Fr.
AHV-Rente (ab 2012)				35'900
AHV-Witwenrente		19'100		
Kapitalbildende Versicherung (2000 ausbezahlt)	100'000			
Gebundene Vorsorgepolice Säule 3a (2010)	45'000		127'000	
Witwen-/Altersrente Pensionskasse[1)2)]		38'200		57'000
Todesfall- Altersleistungen[3)]		57'300		92'900
Kapitalleistungen in Renten umgewandelt[4)]	145'000	10'400	127'000	9'100
Total Renteneinkommen bei Todesfall und im Alter		**67'700**		**102'000**
Leistungen in % des Nettogehalts vor Planung		**52%**		**78%**

[1)] Ohne Kinderrenten, da nur bis zum Erreichen des 18. bzw 25. Altersjahres, falls in Ausbildung.

[2)] Gekürzte BVG-Rente. Kürzung 3% pro Jahr frühzeitiger Pensionierung. Auch Kapitalauszahlung möglich.

[3)] Bei Tod durch Unfall wird zusätzlich noch eine UVG-Rente ausbezahlt.

[4)] Kapitalleistungen mit dem ordentlichen BVG-Rentensatz von 7,2 % in Rente umgewandelt.

gepolice Säule 3a und eine bald fällig werdende gemischte Versicherung mit periodischer Prämienzahlung.

- Die überlebende Ehegattin Iris könnte mit Vorsorgeleistungen von Fr. 67'700.– pro Jahr rechnen. Mit diesem Einkommen und dem Wertschriftenertrag von rund Fr. 11'600.– hätte sie ein Gesamteinkommen von knapp Fr. 80'000.–. Mit diesem Einkommen wäre sie nicht in der Lage, die Lebenshaltungskosten, die nach dem Tod ihres Gatten nur unwesentlich sinken dürften, die Hypothekarzinsen, den Unterhalt des Einfamilienhauses, die künftigen Ausbildungskosten der Kinder und die Steuern zu bezahlen. Es ist klar, dass die Todesfalldeckung verbessert werden muss.

- Das Ehepaar Beck kann mit einem Vorsorgeeinkommen im Alter von Fr. 102'000.– pro Jahr rechnen. Ohne Berücksichtigung der Inflation dürfte dieses Einkommen knapp ausreichen, um den bisherigen Lebensstandard halten zu können. Eine zusätzliche Altersvorsorge zur Absicherung der Teuerung und zur Erhöhung der persönlichen Flexibilität wäre wünschbar.

- Eine Kurzanalyse ergibt, dass die Erwerbsausfalldeckung bei längerfristiger Erwerbsunfähigkeit bei einem etwas eingeschränkten Lebensstandard ausreichen würde. Die ungenügenden Erwerbsausfalleistungen in den ersten beiden Jahren bei Krankheit oder Unfall könnten durch den teilweisen Abbau der liquiden Mittel und Wertschriften finanziert werden. Eine zusätzliche Absicherung drängt sich nicht auf.

3.4 Die Zielsetzungen

Nach der Analyse und einem zweiten Gespräch mit dem Ehepaar Beck wurden gemeinsam folgende Zielsetzungen für die Gesamtplanung festgehalten:

- Nach Möglichkeit vorzeitige Pensionierung im Alter 62
- Erhöhung der garantierten Vorsorgeleistungen bei Tod und im Alter
- Erhebliche und nachhaltige Senkung der hohen Steuerbelastung

- Umschichtung des Wertschriftenvermögens mit der Zielsetzung, die längerfristige Nettorendite nach Steuern zu erhöhen

- Leistung von Beiträgen für fehlende Beitragsjahre in die Pensionskasse

- Optimale Anlage der laufenden Einnahmenüberschüsse

- Vorfinanzierung des voraussichtlichen Studiums der Töchter mit einem Fondssparplan

- Darstellung der möglichen Einkommens- und Vermögensentwicklung bis Alter 65

- Möglichst hohe Flexibilität, d.h. die Möglichkeit, zu bestimmten Zeitpunkten wieder Entscheide bezüglich der Vermögensanlagen treffen zu können

- Regelung der Vermögensnachfolge auf den Ehepartner und die Kinder bei gleichzeitiger maximaler Begünstigung des Ehepartners

3.5 Die Massnahmen

Aufgrund der Ist-Analyse und der Zielsetzungen des Ehepaares Beck schlägt der Allfinanz-Berater folgende Massnahmen vor:

- Das Hypothekardarlehen sollte aus steuerlichen Gründen nicht mehr weiter (freiwillig) amortisiert werden, weil damit tiefere Schuldzinsen resultieren und folglich eine noch höhere Steuerbelastung.

- Das Hypothekardarlehen sollte von Fr. 150'000.– um Fr. 250'000.– auf neu Fr. 400'000.– aufgestockt werden. Empfehlenswert wäre im jetzigen Zeitpunkt der Abschluss einer Festhypothek auf 5 Jahre zum derzeitigen Zinssatz von rund $4^{1}/_{4}$%. Die Liegenschaft ist neu mit 50% fremdfinanziert, was eine konservative Finanzierung ist.

- Die Obligationen im Kurswert von Fr. 200'000.– sollen verkauft werden. Der auf diesen Obligationen resultierende Zinsertrag von 4% beträgt brutto Fr. 8'000.–, netto nach Einkommenssteuern noch Fr. 4'960.–, was noch eine Rendite von 2,5% ergibt. Damit müssen das Kursschwankungsrisiko und die Teuerung, die irgendwann wieder einmal anziehen wird, gedeckt werden. Zudem ist kein Kurssteigerungspotential angesichts der derzeit tiefen Zinsen vorhanden.

- Die zu hohen und ungenügend verzinsten liquiden Mittel von Fr. 150'000.– werden um Fr. 100'000.– abgebaut.

Die aus dem Verkauf der Obligationen, der Erhöhung des Hypothekardarlehens auf dem Einfamilienhaus und dem Abbau der liquiden Mittel fliessenden Mittel von insgesamt Fr. 550'000.– sollen wie folgt investiert werden:

Vermögensumstrukturierung

Abbau liquide Mittel		100'000
Verkauf der Obligationen		200'000
Erhöhung Hypothekardarlehen auf Einfamilienhaus		250'000
Total Kapitalbeschaffung		**550'000**
Einzahlung von Pensionskassenbeiträgen		50'000
Abschluss einer Kapitalversicherung mit Einmalprämie (10 Jahre)		200'000
Abschluss einer fondsgebundenen Kapitalversicherung mit Einmalprämie (13 Jahre)	400'000	
./. Policendarlehen Bank Leu	-200'000	200'000
Kauf von Aktienfonds		100'000
Total Kapitalverwendung		**550'000**

Massnahme 1: Ausbau Pensionskassenleistungen

- Mit der Leistung von jährlichen Einkaufsbeiträgen in die Pensionskasse von Fr. 10'000.– für fehlende Beitragsjahre kann die Todes- und Altersvorsorge verbessert und zudem die Steuerbelastung wesentlich gesenkt werden.

- Die einbezahlten Beiträge sind grundsätzlich steuerlich abzugsfähig.

- 1998 werden Fr. 50'000.– in die Pensionskasse einbezahlt. Dies reduziert das in den Jahren 1999 und 2000 besteuerte Durchschnittseinkommen der Jahre 1997 und 1998 um Fr. 25'000.– pro Jahr.

- Der Kanton Luzern geht per 1.1.2001 zur einjährigen Gegenwartsbemessung über. Dies bedeutet, dass das Einkommen und die Abzüge der Jahre 1999 und 2000 steuerlich ins Leere fallen. Dementsprechend sollen in den Jahren 1999 und 2000 keine Nachzahlungen geleistet werden, sondern erst ab 2001.

- Ferner sollte Markus Beck auf die Einzahlung von Beiträgen in die Säule 3a von rund Fr. 5'700.– pro Jahr in diesen zwei Jahren verzichten.

- Das zusätzliche Alterskapital aus den Nachzahlungen beträgt im Zeitpunkt der Frühpensionierung Fr. 166'000.– bei 4% Verzinsung.

Massnahme 2: Kauf von Kapitalversicherungen

- Mit dem Abschluss einer konventionellen Kapitalversicherung mit Einmalprämie und einer Laufzeit von 10 Jahren erreicht Markus Beck, dass ihm im Zeitpunkt der Frühpensionierung im Alter 62 eine Erlebensfallsumme von ca. Fr. 296'000.– steuerfrei ausbezahlt wird.

- Kauf einer fondsgebundenen Kapitalversicherung mit Einmalprämie auf Markus Beck mit einer Laufzeit von 13 Jahren im Betrag von Fr. 400'000.–. Die geschätzte Erlebensfallsumme dürfte je nach Entwicklung der Obligationen- und Aktienfonds ca. Fr. 800'000.– im Alter 65 von Markus Beck betragen.

- Der Anlagehorizont von 13 Jahren ist genügend lang, um die Einmalprämie zur Hälfte in Aktienfonds zu investieren. Die andere Hälfte wären Geldmarkt- und Oblifonds.

- Die Einmalprämie von Fr. 400'000.– soll zu 50% durch ein zinsgünstiges Policen-Darlehen bei der Bank Leu von derzeit 3,5% fremdfinanziert werden. Auf diese Weise kann die in die Einmalprämie investierte Summe verdoppelt werden, gleichzeitig sind die Schuldzinsen steuerlich abzugsfähig, da die allgemeinen vom Bundesgericht definierten Kriterien für die Abzugsfähigkeit der

Schuldzinsen auf fremdfinanzierten Einmalprämien eingehalten werden.

- Es wird vorgesehen, die im Jahre 2000 zur Auszahlung gelangende Lebensversicherung von Fr. 100'000.– für eine hälftige Amortisation des Policendarlehens zu verwenden. Die zweite Hälfte von Fr. 100'000.– kann in beliebigen Tranchen bis zum Ablauf der Versicherung im Alter 65 amortisiert oder dann von der zur Auszahlung gelangten Erlebensfallsumme abgezogen werden.

Massnahme 3: Kauf von Aktienfonds

Es werden Fr. 100'000.– in Aktienfonds mit Schwergewicht Blue-Chip-Aktien Schweiz und Europa sowie etwas USA angelegt. Mit Alter 52 hat Markus Beck einen genügend langen Anlagehorizont, um diesbezüglich keine unübersehbaren Risiken einzugehen.

Massnahme 4: Abschluss eines Fondssparplans

- Da das Ehepaar Beck über beträchtliche jährliche Einnahmenüberschüsse verfügt, wird ein Fondssparplan mit einer monatlichen Einlage von Fr. 800.– abgeschlossen.

- Zweck des Fondssparplanes ist es, das voraussichtliche Hochschulstudium der Zwillingstöchter Chantal und Yvette vorzufinanzieren.

- Geht man von Einzahlungen bis zum Studienbeginn der beiden Töchter in 10 Jahren aus, und nimmt man eine Rendite nach Abzug der Spesen von 6% an, würden auf diese Weise bis zum Studienbeginn rund Fr. 140'000.– gespart. Bei einer Studiendauer von 8 Semestern könnten den beiden Töchter pro Jahr je Fr. 20'000.– ausbezahlt werden durch sukzessiven Verkauf von Fondsanteilen. Einkommenssteuern resultieren keine, da wegen des Anlagehorizontes von 10 Jahren ausschliesslich in Aktienfonds investiert wird.

Massnahme 5: Güter- und erbrechtliche Besserstellung des überlebenden Ehepartners

- Der Berater schlägt den Abschluss eines Ehe- und Erbvertrages vor, mit welchem die gesamte Errungenschaft dem überlebenden Ehepartner zugewiesen wird. Gleichzeitig werden die Kinder auf den Pflichtteil gesetzt. Dieser beträgt $3/4$ des gesetzlichen Anspruches am Nachlass, nach durchgeführter güterrechtlicher Auseinandersetzung.

- Geht man davon aus, dass das Ehepaar Beck bei der Eheschliessung über kein wesentliches Vermögen verfügte und später auch nicht geerbt hat, kann auf diese Weise praktisch das ganze Vermögen dem überlebenden Ehepartner zugewiesen werden.

- Es ist dem überlebenden Ehepartner unbenommen, aus seinem Vermögen freiwillig den Kindern Schenkungen zu machen für den Kauf eines Einfamilienhauses, den Start einer eigenen Firma usw.

3.6 Die Ergebnisse

Ergebnis 1: Vermögensstruktur (Siehe Tabelle Seite 43)

- Vom Gesamtvermögen sind nun rund 40% im selbstbewohnten Einfamilienhaus angelegt, 20% in Wertschriften und 50% in Vorsorgeansprüchen. Die Verschuldung beträgt 30% des Bruttovermögens, ist also immer noch konservativ.

- Das steuerbare Vermögen hat sich wegen des Abschlusses der Einmalprämienversicherungen und wegen der Einlage in die Pensionskasse von Fr. 50'000.– um rund Fr. 250'000.– verringert, da im Kanton Luzern vom Wert von Einmalprämienversicherungen ein Drittel steuerfrei ist.

Vermögensstatus

	vor Planung			nach Planung		
	Verkehrswert Fr.	Total Fr.	Steuerwert Fr.	Verkehrswert Fr.	Total Fr.	Steuerwert Fr.
Sparhefte	150'000		150'000	50'000		50'000
Obligationen	200'000		200'000			
Aktien / Aktienfonds	50'000		50'000	150'000		150'000
Total liquideMittel / Wertschriften		400'000			200'000	
Einfamilienhaus		800'000	600'000		800'000	600'000
Lebensversicherungen mit Einmalprämie				600'000		400'000
Gemischte Versicherung mit Jahresprämie	82'000		49'200	82'000		49'200
Gebundene Vorsorgepolice Säule 3a	45'000			45'000		
Pensionskasse	280'000			330'000		
Total Vorsorgeansprüche		407'000			1'507'000	
Total Vermögenswerte		1'507'000	1'049'200		2'507'000	1'249'200
SCHULDEN						
Hypothek Einfamilienhaus		150'000	150'000	400'000		400'000
Policendarlehen				200'000		200'000
Total Schulden		150'000	150'000		600'000	600'000
Steuerfreibetrag			50'000			50'000
Effektives / steuerbares Vermögen		1'457'000	849'200		1'457'000	599'200

Einkommen – Vermögenszuwachs

	Einkommen vor Planung		Einkommen nach Planung	
	Steuerbares Einkommen	Einnahmen / Ausgaben	Steuerbares Einkommen	Einnahmen / Ausgaben
EINKOMMEN / EINNAHMEN				
Nettogehalt Markus Beck	130'000	130'000	130'000	130'000
Steuerfreie Pauschalspesen		6'000		6'000
Zinsertrag auf liquiden Mitteln, 2,5% von Fr. 150'000 / Fr. 50'000	3'800	3'800	1'300	1'300
Obligationen, 4% Normalverzinsung von Fr. 200'000 / Fr. 0	8'000	8'000		
Aktien, 2% Dividenden von Fr. 50'000 / Fr. 150'000	1'000	1'000	3'000	3'000
Eigenmietwert Einfamilienhaus	19'600		19'600	
Total Einkommen / Einnahmen	**162'400**	**148'800**	**153'900**	**140'300**
STEUERABZÜGE / AUSGABEN				
Hypothekarzinsen, 4,5% von Fr. 150'000 / Fr. 400'000	6'800	6'800	18'000	18'000
Zinsen Policendarlehen, 3,5% von Fr. 200'000			7'000	7'000
Unterhalt Einfamilienhaus	3'900	4'500	3'900	4'500
Verschiedene Sozialabzüge	15'400		15'400	
Beitrag an die Säule 3a	5'700	5'700	5'700	5'700
Nachzahlung Pensionskasse[1]			10'000	10'000
Amortisation Hypothekardarlehen		10'000		
Fondssparplan				9'600
Lebensunterhaltskosten		60'000		60'000
Total Abzüge / Ausgaben	**31'800**	**87'000**	**60'000**	**114'000**
Steuerbares Einkommen	**130'600**		**93'900**	
Einnahmenüberschuss vor Steuern		**61'800**		**25'500**
Abzüglich Einkommens- und Vermögenssteuern[2]		-38'200		-23'300
Einnahmenüberschuss nach Steuern		**23'600**		**2'200**
WERTZUWACHS AUF:				
Pensionskasse und Säule 3a		34'700		34'700
Nachzahlung in Pensionskasse				10'000
Aktien, 6% von Fr. 50'000 / Fr. 150'000		3'000		9'000
Lebensversicherung, 4% / Fr. 200'000[3]				8'000
Lebensversicherung, 6% / Fr. 400'000[4]				24'000
Fondssparplan				9'600
Amortisation Hypothekardarlehen		10'000		
Vermögenszuwachs pro Jahr		**71'300**		**97'500**

[1] 1998 werden Fr. 50'000 nachbezahlt, nachher Fr. 10'000 jährlich
[2] verheiratet, 2 Kinder, röm. kath.
[3] konventionelle Einmalprämie
[4] fondsgebundene Einmalprämie

Ergebnis 2: Steuern und Einkommen (Siehe Tabelle Seite 44)

- Das steuerbare Einkommen konnte von Fr. 130'600.– auf Fr. 93'900.– gesenkt werden. Dies führt zu einer Steuereinsparung von knapp Fr. 15'000.– pro Jahr oder rund 40% der bisherigen Belastung.

- Würde man die jährliche Steuereinsparung mit 4% auf Alter 62 aufzinsen, würde sich ein Endkapital von rund Fr. 180'000.– ergeben. Um diesen Betrag ist das Vermögen allein als Folge der Steuereinsparungen im Alter 62 höher als ohne Planungsmassnahmen. Mit diesem Kapital könnte eine lebenslängliche Rente auf zwei Leben von rund Fr. 1'200.– pro Monat finanziert werden, dies ausschliesslich aus Steuereinsparungen!

- Während das Vermögen ohne Planungsmassnahmen pro Jahr um Fr. 71'300.– zunimmt, sind es nach Planungsmassnahmen Fr. 97'500.–. Die zusätzliche Vermögenszunahme von Fr. 26'200.– ist eine Kombination von Steuereinsparungen und eine Verbesserung der Rendite auf den Vermögensanlagen.

- Zinst man die jährliche zusätzliche Vermögenszunahme von Fr. 26'200.– mit 4% auf Alter 62 auf, ergibt sich ein zusätzliches Kapital im Alter 62 von rund Fr. 314'000.– Mit diesem zusätzlichen Alterskapital könnte eine lebenslängliche Rente für beide Ehepartner von rund Fr. 2'000.– pro Monat finanziert werden.

Vorsorgeleistungen (bei Pensionieerung im Alter von 62 Jahren)

vor Planung	Todesfallleistungen		Altersleistungen	
	Kapital Fr.	Rente pro Jahr Fr.	Kapital Fr.	Rente pro Jahr Fr.
AHV-Rente (ab 2012)				35'900
AHV-Witwenrente		19'100		
Kapitalbildende Versicherung (2000 ausbezahlt)	100'000			
Gebundene Vorsorgepolice Säule 3a (2010)	45'000		127'000	
Witwen-/Altersrente Pensionskasse[1) 2)]		38'200		57'000
Todesfall- Altersleistungen[3)]		57'300		92'900
Kapitalleistungen in Renten umgewandelt[4)]	145'000	10'400	127'000	9'100
Total Renteneinkommen bei Todesfall und im Alter		**67'700**		**102'000**
Leistungen in % des Nettogehalts VOR Planung		**52%**		**78%**

nach Planung	Todesfallleistungen		Altersleistungen	
	Kapital Fr.	Rente pro Jahr Fr.	Kapital Fr.	Rente pro Jahr Fr.
Alterskapital aus Pensionskassen-Nachzahlungen			166'000	
Lebensversicherung mit Einmalprämie (2008)	250'000		296'000	
Lebensversicherung mit Einmalprämie (2011)	640'000		853'000	
Abzüglich Finanzierungskosten Einmalprämie[5)]	-450'000		-450'000	
Total Todesfall- und Altersleistungen[3)]				
Kapitalleistungen in Renten umgewandelt[4)]	440'000	31'700	865'000	62'300
Total Renteneinkommen bei Todesfall und im Alter		**99'400**		**164'300**
Leistungen in % des Nettogehalts NACH Planung		**76%**		**126%**
Leistungsverbesserung in Franken		**31'700**		**62'300**

[1)] Ohne Kinderrenten, da nur bis zum Erreichen des 18. bzw. 25. Altersjahres in Ausbildung.
[2)] Gekürzte BVG-Rente. Kürzung 3% pro Jahr frühzeitiger Pensionierung. Auch Kapitalauszahlung möglich.
[3)] Bei Tod durch Unfall wird zusätzlich noch eine UVG-Rente ausbezahlt.
[4)] Kapitalleistungen mit dem ordentlichen BVG-Rentensatz von 7,2 % in Rente umgewandelt.
[5)] Rückzahlung des Policendarlehens und der Hypothek im Todesfall des Ehegatten bzw. bei Auszahlung der Versicherung.

Ergebnis 3: Todesfall- und Altersleistungen (Siehe Tabelle Seite 46)

- Ohne Planungsmassnahmen kann die überlebende Gattin Iris mit Versicherungsleistungen nach dem Tode ihres Gatten Markus von Fr. 67'700.– rechnen. Unter Einbezug der beiden vorgeschlagenen Kapitalversicherungen mit Einmalprämie könnte die Gattin mit jährlichen Vorsorgeleistungen von Fr. 99'400.– rechnen. Ihr zusätzliches Einkommen pro Jahr beträgt Fr. 31'700.– bzw. knapp 50% mehr als die bisherigen Vorsorgeleistungen. Damit hat sich die Situation der überlebenden Gattin ganz wesentlich verbessert.

- In der Ausgangslage kann das Ehepaar Beck mit Vorsorgeleistungen im Alter aus der ersten, zweiten und dritten Säule von Fr. 102'000.– pro Jahr rechnen. Nach Durchführung der Planungsmassnahmen beträgt das entsprechende Alterseinkommen rund Fr. 164'300.–. Die zusätzlich garantierte Vorsorgeleistung im Alter von rund Fr. 62'000.– wurden erreicht durch Umlenkung von Einnahmenüberschüssen, die ohne Planung zu einer Erhöhung des Wertschriftenbestandes bis Alter 62 geführt hätten.

Ergebnis 4: Einkommensentwicklung (Siehe Tabelle Seite 48/49)

Die Projektion der Einkommensentwicklung hängt direkt von den getroffenen Annahmen ab. In diesem Sinn ist die in Tabelle 7 gezeigte Einkommensentwicklung das Produkt einer Vielzahl von Annahmen, die wie folgt zusammengefasst werden können:

- Erwerbstätigkeit von Markus Beck bei unverändertem Gehalt bis Alter 62

- Auszahlung der derzeitigen AHV-Altersrente für Ehepaare von ca. Fr. 36'000.– pro Jahr

- Pensionskassenrente, gekürzt um 3% pro Jahr für die drei Jahre der frühzeitigen Pensionierung aufgrund des derzeit bestehenden Pensionsplanes

- Fortführung des Beitrages an die Säule 3a bis zur Frühpensionierung

Einkommensentwickung 1998 bis 2012

Alter Markus Beck	52	53	54	55	56
	1998	1999	2000	2001	2002
Nettogehalt/Pauschalspesen Markus Beck	136	136	136	136	136
Auszahlung Lebensversicherung			100		
AHV-Altersrente					
Pensionskassenrente					
Ertrag liquide Mittel (2%)	1	1	1	1	1
Ertrag Aktien-/Obligationenfonds	1	3	3	3	4
Auflösung Säule 3a					
Kapitalbezug Nachzahlungen Pensionskasse					
Verkauf Obligationen	200				
Verkauf Aktien / Aktienfonds					50
Aufnahme Policendarlehen	200				
Aufnahme Hypothekardarlehen	250				
Auszahlung Kapitalversicherungen					
Total Einnahmen	**788**	**140**	**240**	**140**	**191**
Hypothekarzinsen	18	18	18	18	18
Zinsen Policendarlehen	7	7	7	4	4
Amortisation Hypothek					
Rückzahlung Policendarlehen			100		
Beiträge Säule 3a/ Prämien Säule 3b	6	2)	2)	6	6
Beiträge Pensionskasse für fehlende Beitragsjahre	50	2)	2)	10	10
AHV-Beitrag als Nichterwerbstätiger					
Kauf konventionelle Einmalprämienversicherung	200				
Kauf fondsgebundene Einmalprämienversicherung	400				
Kauf Aktien- und Obligationenfonds	100				
Fondssparplan	9	9	9	9	9
Einkommens- / Vermögenssteuern	38	23	23	24	25
Steuern auf Auszahlung Pensionskasse / Säule 3a					
Lebenshaltungskosten, indexiert mit 2%	75	77	78	80	81
Total Ausgaben	**903**	**134**	**235**	**150**	**153**
Einnahmen- / Ausgabenüberschuss	**-115**	**6**	**5**	**-10**	**37**
Liquide Mittel am Anfang des Jahres	150	35	41	45	35
Einnahmen- / Ausgabenüberschuss laufendes Jahr	-115	6	5	-10	37
Liquide Mittel am Ende des Jahres	**35**	**41**	**45**	**35**	**73**
Aktien- und Obligationenfonds, Wertzuwachs 6%	150	159	169	179	139
Fondssparplan Studium Töchter, Wertzuwachs 6%	9	19	29	41	52
Rückkaufwert Einmalprämienversicherungen	560	592	626	662	700
Policendarlehen	-200	-200	-100	-100	-100
Total Wertschriften / Vorsorgeansprüche	**554**	**611**	**769**	**817**	**814**

57	58	59	60	61	62	63	64	65	66
2003	2004	2005	2006	2007	2008	2009	2010	2011	2012
136	136	136	136	136	136				
								36	36
						57	57	57	57
1	1	2	1	2	1	2	2	2	3
3	3	2	2	1	1	9	11	10	18
					127				
						166			
	50		50				100		
					296			808	
140	**190**	**140**	**189**	**139**	**561**	**234**	**170**	**913**	**114**
18	18	18	18	18	18	18	18	18	7
4	4	4	4	4	4	4	4	4	
								250	
								100	
6	6	6	6	6	6				
10	10	10	10	10	10				
						5	5		
					350	100		400	
9	9	9	9	9	9				
26	27	28	29	30	31	15	16	17	18
					10	14			
83	84	86	88	90	91	93	95	97	99
156	**158**	**161**	**164**	**167**	**529**	**249**	**138**	**886**	**124**
-16	**32**	**-21**	**25**	**-27**	**32**	**-15**	**32**	**27**	**-10**
73	57	88	68	93	66	98	83	115	143
-16	32	-21	25	-27	32	-15	32	27	-10
57	**88**	**68**	**93**	**66**	**98**	**83**	**115**	**143**	**133**
148	107	113	70	74	428	554	487	917	972
65	78	92	107	123	140				
740	782	827	875	925	682	723	764		
-100	-100	-100	-100	-100	-100	-100	-100		
856	**847**	**883**	**868**	**897**	**1393**	**1516**	**1'443**	**1'650**	**1'742**

- Realisierung der vorgeschlagenen Steuerspar- und Vorsorgemassnahmen, d.h. Kauf der beiden Einmalprämienversicherungen, Kauf von Aktienfonds, Abschluss eines Fondssparplanes und Nachzahlungen in die Pensionskasse

- Kauf von Aktien- und Obligationenfonds in den Jahren mit Einnahmenüberschüssen, Schwergewicht auf Aktienfonds

- Barrendite der Aktien- und Obligationenfonds von 2%, jährlicher steuerfreier Wertzuwachs 6%

- Stabile Hypothekarzinsen

- Finanzierung von Ausgabenüberschüssen in einzelnen Jahren durch Kauf von Obli- und Aktienfonds

- Steuerbelastung entsprechend den derzeitigen Steuersätzen

- Lebenshaltungskosten um 2% pro Jahr zunehmend (Inflation)

- Ertrag auf den liquiden Mitteln von 2%

Unter den obgenannten Voraussetzungen zeigt die Einkommensentwicklung bis Alter 66 folgendes:

- In einigen Jahren resultieren Ausgabenüberschüsse, in den übrigen Jahren Einnahmenüberschüsse, zum Teil sehr hohe, die in Aktien- und Obligationenfonds angelegt werden.

- Die Steuerbelastung nimmt nach Realisierung der Steuerplanungsmassnahmen stark ab und steigt dann langsam wieder an als Folge höherer Vermögenssteuern wegen der Vermögenszunahme. Nach erfolgter Pensionierung sinkt die Steuerbelastung auf die Hälfte.

- Die Wertschriften und Vorsorgeansprüche entwickeln sich von rund Fr. 550'000.– auf 1,3 Mio. Franken im Alter 62 und auf Fr. 1,6 Mio. im Alter 65.

- Im Alter 62 und in den vier Folgejahren bis Alter 65 resultieren hohe Einnahmenüberschüsse wegen der Fälligkeit von Vorsorgeansprüchen. In diesen Jahren kann jeweils unter Berücksichtigung der aktuellen Rahmenbedingungen entschieden werden, wie die Mittel investiert werden sollen, z.B. für den Kauf einer Leibrente, den Kauf eines Obligationendepots mit gestaffelten Fälligkeiten,

Rückzahlung des Hypothekardarlehens, Ausrichtung von Erbvorbezügen, höherer Konsum etc.

- Markus Beck kann im Zeitpunkt der Frühpensionierung entscheiden, ob er zur Finanzierung der Einkommenslücke seine Pensionskassenrente ab Alter 63 mit einer entsprechenden Reduktion vorbeziehen will oder ob er mit der Erlebensfallsumme aus der Einmalprämienversicherung Obligationen mit gestaffelten Fälligkeiten für die Jahre bis zum Erreichen den AHV-Alters kaufen will. Mit dem Rückzahlungserlös der gestaffelt fällig werdenden Obligationen könnten dann die Lebenshaltungskosten finanziert werden. Möglich wäre aber auch der Kauf einer Zeitrente. Mit ihr könnte die Einkommenslücke bis zum AHV-Alter ebenfalls finanziert werden. Denkbar wäre auch der Kauf einer Leibrente, mit der langfristig das Renteneinkommen aus AHV und Pensionskasse aufgebessert werden könnte. Angesichts der Pläne von Bundesrat Villiger, Leibrenten in Zukunft nur noch zu 40% als Einkommen zu besteuern, könnte dies eine attraktive Variante sein, wenngleich Leibrenten eine sehr tiefe Rendite aufweisen.

3.7 Aktualisierung der Gesamtplanung

Jede Gesamtplanung kann nur das berücksichtigen, was aktuell bekannt ist. Es gibt eine Vielzahl von Ereignissen, welche die finanzielle Situation und die weitere Entwicklung nachhaltig beeinflussen, zum Beispiel Scheidung, Wiederverheiratung, Kauf oder Verkauf einer Liegenschaft, Nachfolgeregelung in der Firma, Wohnsitzverlegung, vorzeitiger Tod des Ehepartners, Erbschaft, Ausrichtung eines Erbvorbezuges an die Kinder etc.

Dies sind alles Gründe, warum eine Steuer-, Vermögens- und Vorsorgeplanung periodisch, etwa alle zwei bis drei Jahre, den veränderten finanziellen Verhältnissen angepasst werden muss.

3.8 Die Schlussfolgerung

Markus und Iris Beck konnten durch die Realisierung der ihnen von ihrem Allfinanz-Berater vorgeschlagenen Massnahmen ihre mittel-

und langfristige finanzielle Situation ganz erheblich verbessern. Gleichzeitig wissen sie nun, dass sie im Alter über ein komfortables Einkommen verfügen werden. Eine frühzeitige Pensionierung im Alter von 62 Jahren hätte keine einschränkenden finanziellen Konsequenzen zur Folge. Auch die Gewissheit, dass die überlebende Ehegattin finanziell abgesichert ist, wirkt beruhigend. Zudem ist die güter- und erbrechtliche Auseinandersetzung durch den Abschluss eines Ehe- und Erbvertrages frühzeitig geregelt worden.

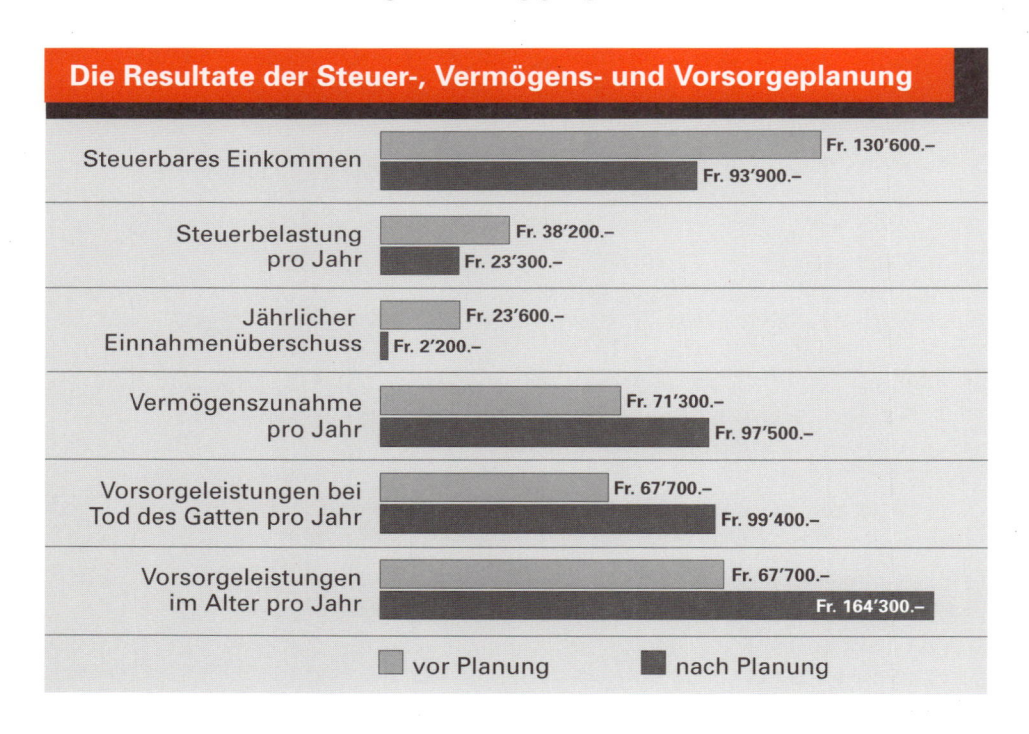

Die Resultate der Steuer-, Vermögens- und Vorsorgeplanung

	vor Planung	nach Planung
Steuerbares Einkommen	Fr. 130'600.–	Fr. 93'900.–
Steuerbelastung pro Jahr	Fr. 38'200.–	Fr. 23'300.–
Jährlicher Einnahmenüberschuss	Fr. 23'600.–	Fr. 2'200.–
Vermögenszunahme pro Jahr	Fr. 71'300.–	Fr. 97'500.–
Vorsorgeleistungen bei Tod des Gatten pro Jahr	Fr. 67'700.–	Fr. 99'400.–
Vorsorgeleistungen im Alter pro Jahr	Fr. 67'700.–	Fr. 164'300.–

Die Resultate der Planung zeigen ausserdem, dass auch Arbeitnehmer mit Lohnausweis vielfältige Möglichkeiten haben, ihre finanzielle Situation zu optimieren und in diesem Zusammenhang auch ihre Steuerbelastung wesentlich zu senken.

Eine zukunftsgerichtete persönliche Gesamtplanung ist in jedem Fall eine faszinierende Aufgabe und eröffnet Einsichten, die oft neu sind und deshalb auch neue Chancen eröffnen für die persönliche finanzielle Unabhängigkeit als Teil der persönlichen Lebensqualität.

Steuertips für Führungskräfte

4.1 Steuerfreie Nebenleistungen

Versuchen Sie, einen Teil Ihres Gehalts als steuerfreie Nebenleistungen zu vereinbaren. Dazu gehören Fahrzeugkosten zulasten der Firma, Abonnementskosten für «BILANZ», «NZZ», «Finanz und Wirtschaft», Kosten von Fitness-Clubs, Darlehens- und Einkaufsbedingungen zu Vorzugskonditionen etc.

4.2 Stock Options und Mitarbeiteraktien

Stock Options und Mitarbeiteraktien sind steuerlich interessant. Sie werden üblicherweise mit einer Sperrfrist für den Verkauf abgegeben. Steuerbar ist der diskontierte Wert der Aktie oder Option. Der spätere Verkauf der Aktie oder die Ausübung der Stock Option gilt als privater steuerfreier Kapitalgewinn.

4.3 Säule 3a – Geschenk vom Fiskus

Beiträge an die gebundene Selbstvorsorge Säule 3a sind insbesondere für Hochverdiener eines der besten Mittel, die Steuerbelastung – wenn auch bescheiden – zu senken, weil die Prämien vom Einkommen abgezogen werden können.

Wer kann mit der Säule 3a sparen?

- Arbeitnehmer, die der beruflichen Vorsorge (BVG) angehören, können pro Jahr Fr. 5'731.– auf ein Säule-3a-Konto bei einer Bank oder im Rahmen eines Säule-3a-Vertrages mit einer Versicherungsgesellschaft einzahlen.

- Der Abzug von Prämien für die Säule 3a ist immer an eine Erwerbstätigkeit gebunden. Dementsprechend können vorzeitig Pensionierte, die über kein Erwerbseinkommen mehr verfügen, keine

Säule-3a-Beiträge mehr leisten. Haben sie jedoch ein Nebeneinkommen aus Erwerbstätigkeit, können sie 20% des Nebenerwerbseinkommens abziehen.

- Beiträge an die Säule 3a können bis Alter 65 geleistet werden. Jemand, der über das 65. Altersjahr hinaus erwerbstätig ist, kann also keine Abzüge mehr vornehmen.

Besteuerung der Auszahlung

- Säule-3a-Guthaben können frühestens 5 Jahre vor Erreichen des AHV-Alters und spätestens mit dem Beginn des AHV-Alters bezogen werden.

- Ein Bezug vor diesem Zeitpunkt ist möglich, wenn damit eine Hypothek auf einer selbstbewohnten Liegenschaft amortisiert oder wenn eine selbstbewohnte Liegenschaften gekauft oder renoviert wird.

Für die Besteuerung der Auszahlung gelten folgende Grundsätze:

- Das zur Auszahlung gelangende Kapital wird separat vom übrigen Einkommen besteuert. Die Höhe der Steuer ist kantonal sehr unterschiedlich.

- Die Besteuerung ist progressiv. Je höher das ausbezahlte Kapital ist, desto höher ist die Steuer.

- Je länger jemand spart, um so grösser ist das Kapital und dementsprechend um so grösser ist die Steuerbelastung.

- Je höher die Progression des Steuerpflichtigen ist, desto grösser sind seine Steuereinsparungen durch den Abzug der Prämien vom steuerbaren Einkommen.

- Ein Bezug in Raten ist nicht möglich. Beim Bezug der ersten Rate wird das gesamte angesparte Vorsorgekapital zur Progression des Gesamtkapitals besteuert.

4.4 Steueroptimierung

- Ein Bezug in Raten ist möglich, wenn mehrere Vorsorgekonti bei mehreren Banken und / oder Versicherungsgesellschaften bestehen. Auf diese Weise kann die Steuerprogression gebrochen werden.

- Vorbezüge für den Kauf oder die Renovation von selbstbewohntem Wohneigentum oder die Amortisationen von Hypotheken auf Wohneigentum führen ebenfalls zu einer Reduktion der Steuerprogression, da Vorbezüge bei der Berechnung der Steuern auf der Auszahlung des Restguthabens nicht berücksichtigt werden.

- Ein vorzeitiger Bezug und damit die Brechung der Steuerprogression ist auch möglich bei Aufgabe der unselbständigen und Aufnahme einer selbständigen Erwerbstätigkeit, ebenso bei einer Wohnsitzverlegung ins Ausland.

Die richtige Säule 3a

Gebundenes Vorsorgesparen Säule 3a ist möglich bei einer Bank oder einer Versicherungsgesellschaft. Je nach Betrachtungszeitpunkt ist die Rendite bei der Bank oder bei der Versicherungsgesellschaft höher. Daneben gibt es aber noch weitere Unterschiede:

Die Vorteile des Versicherungssparen sind:

- Zinsgarantie von gut 3%

- Todesfalldeckung versicherbar

- Erhöhte Spardisziplin, da Prämie bezahlt werden muss

- Prämienbefreiung bei Erwerbsunfähigkeit ist mitversicherbar, d.h. der Sparprozess wird fortgesetzt

- Invaliditätsleistungen bei Erwerbsunfähigkeit sind günstig mitversicherbar

- Prämiendepot möglich mit interessanten Zinskonditionen

Die Vorteile des Banksparens sind:

- Vorsorgekonto bringt langfristig höhere Rendite als bei der Versicherung

- Die Höhe der Prämien ist flexibel bis zum gesetzlichen Maximum

- Verpfändung bei der gleichen Bank für die indirekte Amortisation von Hypothekardarlehen ist einfach

- Einfache Teilung bei Scheidung

Inzwischen offerieren einige Versicherungsgesellschaften fondsgebundene Säule-3a-Policen, d.h. die Entwicklung des Sparteils ist an die Entwicklung der ausgewählten Anlagefonds gebunden.

Eine jeweils aktuelle Übersicht über die von den Versicherungsgesellschaften angebotenen Säule-3a-Produkten ist auf der Website der Dr. Thomas Fischer & Partner enthalten unter www.dr-fischer-partner.ch

4.5 Lifecycle-gerechte Säule-3a-Policen

Wer jung und unverheiratet ist, braucht keinen Todesfallschutz. In dieser Phase sollte ein reines Wertschriftensparen bei einer Bank betrieben werden mit einem Säule-3a-Konto also, bei dem die Prämien in Anlagefonds investiert werden. Wenn dann später in einer Partnerschaft Vorsorgeverpflichtungen entstehen, kann dann immer noch als Ergänzung eine reine Todesfallrisiko-Police abgeschlossen werden. Wird zusätzlich eine Erwerbsausfalldeckung benötigt, z.B. für einen Selbständigerwerbenden, kann zulasten des Wertschriftensparens bei der Bank mit einer Säule-3a-Police bei einer Versicherungsgesellschaft der Erwerbsausfall mitversichert werden. Dies ist günstiger als der Abschluss einer reinen Erwerbsausfallversicherung zusätzlich zum Bankvorsorgekonto.

Die Aufteilung der Säule 3a auf Bank- und Versicherungssparen ist auch später sinnvoll. Denjenigen Teil der Prämie, den man jedes Jahr sicher und problemlos einzahlen kann, sollte man in einen Säule-3a-Vertrag bei einer Versicherung mit Prämienbefreiung bei Erwerbsausfall versichern, den flexiblen Rest als Wertschriftensparen bei einer Bank. Je nach Vorsorgebedürfnis kann in der Versicherungspolice eine Todesfallsumme oder eine Erwerbsausfallrente versichert werden.

4.6 Berufliche Vorsorge – Steuersparchance Nr. 1

Die Ausnützung der steuerlichen Möglichkeiten der beruflichen Vorsorge (BVG) ist für Führungskräfte eine der besten Möglichkeiten überhaupt, massiv Steuern zu sparen und gleichzeitig die Alters- und Todesfallvorsorge zu verbessern.

Welche Beiträge können abgezogen werden?

- Maximal 20 bis 25% des massgeblichen Erwerbseinkommens (steuerliche Faustregel).

- Das massgebliche Erwerbseinkommen ist in der Regel das Bruttogehalt abzüglich BVG-Koordinationsabzug von Fr. 23'880.–. Auf den Koordinationsabzug kann jedoch verzichtet werden, um die Beitragsbasis zu erhöhen.

- Das beitragspflichtige Einkommen kann nach oben offen sein, was im Einzelfall zu sehr hohen Prämien führen kann.

- Für fehlende Beitragsjahre, Leistungsverbesserungen oder Versicherung zusätzlicher Einkommen, z.B. einer Gewinnbeteiligung, können Arbeitnehmer und / oder Arbeitgeber Nachzahlungen leisten, die steuersparend vom Einkommen bzw. Firmengewinn abgezogen werden können, sofern Nachzahlungen im Stiftungsreglement oder in den Statuten vorgesehen sind.

- Die Arbeitgeberfirma kann zulasten des steuerbaren Reingewinns freiwillige Einlagen in die Arbeitgeberbeitragsreserve machen (maximal 5 Jahresprämien).

- Die Arbeitgeberin kann zulasten des steuerbaren Reingewinns freiwillige Zuwendungen in die freien Stiftungsreserven machen.

- Für das Kaderpersonal können überobligatorische Kadervorsorgeeinrichtungen eingerichtet werden. Die Prämien dürfen aber, zusammen mit dem BVG-Obligatorium, 20 bis 25% des beitragspflichtigen Gehalts nicht übersteigen.

Steueroptimierung

- Nachzahlungen für fehlende Beitragsjahre sollten, entsprechende liquide Mittel vorausgesetzt, immer geleistet werden, denn sie vermindern das steuerbare Einkommen und verbessern die Todesfall- und Altersvorsorge. Nachzahlungen sind bis 3 Jahre vor Erreichen des AHV-Alters möglich.

- Die maximal möglichen Nachzahlungen sollten über mehrere Jahre verteilt werden, um die Progression während mehreren Steuerperioden zu brechen.

- Ob das Altersguthaben als Kapital oder Rente bezogen werden soll, muss im Einzelfall sorgfältig abgeklärt werden. Da Pensionskassenrenten zu 100% besteuert werden, ist der Kapitalbezug meistens besser, wenn noch weiteres Einkommen aus Liegenschaften- und Wertschriftenerträgen vorhanden ist (hohe Progression).

- Das Altersguthaben sollte gestaffelt bezogen werden für die Amortisation der Hypothek auf einer selbstbewohnten Liegenschaft. Ein Bezug ist alle 5 Jahre möglich, Mindestbetrag Fr. 20'000.–. Auf diese Weise kann die Steuerprogression auf der Auszahlung entscheidend gesenkt werden.

- Bei grossen Altersguthaben kann es sich lohnen, vor der Auszahlung den Wohnsitz in einen Kanton zu verlegen, der BVG-Kapitalzahlungen mild besteuert, z.B. Graubünden oder Tessin.

- Steuern können auch gespart werden bei Wohnsitzverlegung ins Ausland vor der Auszahlung. In diesem Fall wird eine Quellensteuer von 9 bis 10% erhoben.

- Ein ratenweiser Bezug ist vor dem reglementarischen Schlussalter nicht möglich ausser für die Amortisation der Hypothek auf dem selbstbewohnten Haus oder für Hausrenovationen. Bei Aufschub des Bezugs über das AHV-Alter hinaus wird beim Bezug der ersten Rate die Steuer auf dem ganzen Guthaben fällig oder es erfolgt eine Nachbesteuerung der bereits bezogenen Raten zum höheren Progressionssatz beim Bezug weiterer Raten.

- Da Auszahlungen der 2. und 3. Säule für die Steuerprogression zusammengerechnet werden, sollten die Auszahlungen nicht im gleichen Jahr erfolgen.

- Aus dem gleichen Grund sollten Ehegatten ihre Guthaben nicht im gleichen Jahr beziehen.

Verbesserung der BVG-rechtlichen Stellung Ihres Lebenspartners

- Sehen Ihre Pensionskasse und diejenige Ihres Lebenspartners eine Versorgerrente auch an nicht verheiratete Partner vor?

- Wenn ja, haben Sie und Ihr Partner den Namen des Rentenberechtigten der Pensionskasse gemeldet?

- Wenn keine Versorgerente möglich ist, sollten Sie und Ihr Partner Ihr Pensionskassenguthaben als Kapital beziehen. Auch wäre in diesem Fall ein möglichst hoher Vorbezug zu machen, da sonst im Todesfall des Versicherungsnehmers das ganze Freizügigkeitsguthaben zugunsten der Pensionkasse verfällt.

4.7 Einmalprämienversicherungen – sicher, steuergünstig, rentabel

Einmalprämienversicherungen haben in den letzten 10 Jahren einen eigentlichen Boom erlebt. Die Gründe sind bekannt, nämlich

- höhere Rendite als Sparhefte
- Todesfallschutz
- garantierte Erlebensfall- und Todesfallsumme (bei fondsgebundenen ist nur die Todesfallsumme garantiert)
- keine Besteuerung der Auszahlung, wenn gewisse Voraussetzungen erfüllt sind. Damit ergibt sich eine höhere Nettorendite nach Steuern als bei Obligationen
- Möglichkeit zu Vorbezügen auf die Erlebensfalleistung bei Liquiditätsbedarf
- Konkursprivileg
- Begünstigungsmöglichkeit ausserhalb des Erbrechts

Gründe für den Kauf von Einmalprämienversicherungen können sein:

- Wirtschaftliche Sicherstellung der Familie
- Abdeckung von Schulden beim Tod des Versicherungsnehmers
- Hoher Todesfallschutz ab Vertragsbeginn, der den Betrag der Einmalprämie wesentlich übersteigt
- Vermögensdiversifikation
- Bessere Rendite der Versicherung unter Berücksichtigung aller Aspekte als bei alternativen Vermögensanlagen

- Wunsch nach jederzeitiger Liquidität der Anlage durch Kündigung oder Belehnung der Police
- Risikolose Vermögensanlage
- Vermögensanlage mit garantiertem Wertzuwachs (Ausnahme: fondsgebundene Kapitalversicherungen)
- Sicherstellung eines unverheirateten Partners ausserhalb des Erbrechts
- Vermögensschutz bei einem persönlichen Konkurs

Besteuerung (Stand 1. November 1998)

Damit bei Einmalprämienversicherungen die Erlebens- oder Todesfallzahlung nicht besteuert wird,

- muss die Laufzeit mindestens 10 Jahre betragen
- darf die Auszahlung im Erlebensfall oder bei vorzeitigem Rückkauf nicht vor Vollendung des 60. Altersjahres des Versicherten erfolgen
- muss die versicherte Person mit dem Versicherungsnehmer (Eigentümer) identisch sein (Ausnahme: Ehepartner)
- muss ein Todesfallschutz vorhanden sein
- muss die Versicherung vor dem 60. Altersjahr abgeschlossen worden sein

Diese vier Kriterien müssen kumulativ erfüllt sein.

Fremdfinanzierung von Einmalprämien

Damit bei teilweiser oder vollständiger Fremdfinanzierung die Schuldzinsen und die Schuld steuerlich abzugsfähig sind, muss das Vermögen des Versicherungsnehmers, zu Verkehrswerten (einzelne Kantone stellen auf den Steuerwert ab) gerechnet, den Betrag der Einmalprämie übersteigen. Ausserdem müssen nichtsteuerliche Gründe für den Abschluss der Versicherung massgebend sein, z.B. Risikoabdeckung, Verbesserung der Altersvorsorge, z.B. bei Selbständigerwerbenden bei fehlender Pensionskasse, Vermögensdiversifikation, Konkursprivileg etc. Für eine Fremdfinanzierung können je nach Sachlage folgende Gründe sprechen:

- Der Zinssatz der Fremdfinanzierung ist tiefer als die Rendite der Einmalprämie unter Berücksichtigung des zusätzlichen Risikoschutzes.

- Die Rendite der übrigen Vermögensanlagen ist höher als der Schuldzins auf der fremdfinanzierten Einmalprämie.

- Tiefer Börsenkurs von Wertschriften, die grundsätzlich für die Finanzierung der Einmalprämie verwendet werden könnten.

- Schlechte Konjunkturlage, die es im Zeitpunkt des Versicherungsabschlusses verunmöglicht, bestimmte Vermögenswerte zwecks Finanzierung der Einmalprämie zu veräussern, z.B. Liegenschaften.

- Die Liquidation eines bestimmten Vermögenswertes würde zu einer hohen Besteuerung führen. Diese wird gemildert, wenn dieses Aktivum erst in einigen Jahren veräussert wird, z.B. infolge Steueraufschub oder Besitzesdauerrabatt bei Liegenschaften.

- Wenn bei einer Fremdfinanzierung ein Sachwert erhalten bleibt und mit einer weiteren Sachwertsteigerung gerechnet werden darf, die eventuell höher ist als die mögliche jährliche Mehrbelastung bei der Darlehenslösung.

Sind die obigen Bedingungen eingehalten, kann eine teilweise oder vollständige Fremdfinanzierung steuerlich interessant sein, weil die Schuldzinsen grundsätzlich abzugsfähig sind und die Auszahlung nicht besteuert wird. Eine oder mehrere Einmalprämienversicherungen mit gestaffelten Fälligkeiten sollten in keinem Vermögen fehlen, da sie einen willkommenen Risikoschutz bieten gegen die Unsicherheiten des Liegenschaftenmarktes und der Aktienmärkte.

5. Steuertips für Frühaussteiger

Für Steuerpflichtige, die sich mit einer vorzeitigen Pensionierung befassen, ist eine rechtzeitige und längerfristige Steuerplanung besonders wichtig.

5.1 Finanzierung von Einkommenslücken

- Der Vermögensaufbau sollte so gestaltet werden, dass die Lebenshaltungskosten im Zeitraum von der Frühpensionierung bis zum Bezug von AHV- und Pensionskassenrenten mit Einkommen finanziert werden können, das möglichst nicht besteuert wird, damit das Problem der Finanzierung der Einkommenslücke nicht durch hohe Steuern verschärft wird.

- Dies kann erreicht werden z.B. durch den Kauf einer Zeitrente bis zum Bezug von AHV- und Pensionskassenrenten.

- Eine weitere Möglichkeit ist der Abschluss einer Kapitalversicherung, die im Zeitpunkt der Frühpensionierung fällig wird. Die Erlebensfallsumme kann für die Finanzierung einer Zeitrente oder eines Obligationenportefeuilles verwendet werden, deren Obligationen gestaffelt fällig werden bis zum Bezug von AHV- und Pensionskassenrenten.

- In der Praxis hat sich eine Kombination verschiedener Finanzierungsquellen für die Zeit der Einkommenslücke bewährt.

5.2 Steueroptimaler Pensionskassenbezug

Will man sich bei der Pensionierung das angesparte Alterskapital auszahlen lassen, wird eine einmalige Steuer getrennt vom übrigen Einkommen fällig. Zwar wird die Steuerschuld nach einem vergünstigten

Satz berechnet, der Tarif unterliegt aber auch hier einer Steuerprogression. Damit diese gebrochen werden kann, können Wohneigentümer das angesparte Altersguthaben gestaffelt beziehen und für Investitionen in eine selbstbewohnte Liegenschaft verwenden (Erwerb oder Renovation einer Liegenschaft oder Amortisation eines Hypothekardarlehens).

Ein solcher Bezug ist höchstens alle fünf Jahre ab mindestens Fr. 20'000.– möglich. Die einbezahlten Beiträge bleiben damit nicht bis zum AHV-Alter blockiert. Zusätzlich eröffnet sich dem Wohneigentümer die Chance, die von ihm angesparten Kapitalien dann zu beziehen, wenn sich eine Verschärfung der Besteuerung der Auszahlung abzeichnet. Ein zweiter vorzeitiger Leistungsbezug (d.h. vor Ablauf der jeweils fünfjährigen Wartefrist) ist ausnahmsweise dann möglich, wenn der Vorsorgenehmer beispielsweise infolge eines Arbeitsplatz- und Wohnsitzwechsels sein bisheriges Wohneigentum verkauft und am neuen Wohnsitz eine neue Liegenschaft erwirbt.

Der Zeitpunkt des Kapitalbezuges will gut überlegt sein. Aufgrund der bis zum 1.1.2002 geltenden Übergangsbestimmungen beim Bund und in den meisten Kantonen wird für Kapitalabfindungen aus beruflicher Vorsorge eine privilegierte Besteuerung je nach Dauer und Ausmass der eigenen Beiträge des Steuerpflichtigen angewendet. Nur die Kantone BE, FR, JU, SH, VD, VS und ZG kennen keine Übergangsbestimmungen.

Die positiven Steuereffekte werden an folgendem Fallbeispiel aufgezeigt:

Ein Steuerpflichtiger im Alter 50 (verheiratet, reformiert, ohne Kinder), der in der Stadt Bern wohnt, könnte im Alter 60 eine einmalige Zahlung von 1 Mio. Franken aus der Pensionskasse beziehen. Nun überlegt er sich, wie gross die Steuerersparnis bei einem ratenweisen Bezug ausfallen wird. Er hat folgenden Plan: Er bezieht in diesem Jahr und dann bei Alter 55 jeweils Fr. 250'000.– und den Rest von Fr. 500'000.– im Alter 60. Gemäss Tabelle hat er mit folgender Steuerbelastung bei einmaligem resp. gestaffeltem Bezug des Pensionskassen-Guthabens zu rechnen:

Steuereinsparung bei gestaffeltem Bezug[1]

Verfügbares Pensions-kassen-Guthaben	400'000	600'000	1'000'000	2'000'000
Steuerbelastung bei einmaliger Auszahlung	47'482	83'298	166'520	413'890
Steuerbelastung bei zwei gestaffelten Auszahlungen à je 25% des Gesamtguthabens und einer Auszahlung à 50% des Gesamtguthabens	6'310 6'310 17'405	11'799 11'799 31'009	24'207 24'207 63'955	63'955 63'955 166'520
Steuereinsparung in Fr.	**17'457**	**28'691**	**54'151**	**119'460**
Steuereinsparung in %	**37**	**34**	**33**	**29**

[1] Mann, Alter: 50 Jahre, Wohnsitz Stadt Bern, reformiert, verheiratet, ohne Kinder

Fazit:

Durch die gesetzliche Möglichkeit, alle 5 Jahre einen Vorbezug unter dem Titel «Wohneigentumsförderung» zu tätigen, kann die gesamte Steuerbelastung auf Pensionskassen-Auszahlungen wesentlich gesenkt werden. Die Steuereinsparung als Folge des gestaffelten Bezuges beträgt zwischen 29 und 37%.

Sofern die Vorbezüge für die Amortisation von Hypothekardarlehen verwendet werden, ist zu beachten, dass in der folgenden Steuerperiode das steuerbare Einkommen als Folge des wegfallenden Hypothekarzinses und das steuerbare Vermögen durch die Reduktion der Hypothek höher sein werden. Die damit verbundenen höheren Einkommens- und Vermögenssteuern können durch umsichtige und mittel- bzw. langfristige Planungsmassnahmen in der Regel weitgehend auf das «alte Mass» zurückgeführt werden. Entscheidend ist die Wiederanlage der freien Hypothekarmittel in Vermögensanlagen, die nur geringe bzw. keine steuerbaren Vermögenserträge, jedoch steuerfreie Kapitalgewinne bzw. Wertzunahmen ermöglichen wie beispielsweise Aktien, Sachwerte (Kunst), z.T. Immobilien und Kapitalversicherungen.

Der gestaffelte Vorbezug kann auch im Zusammenhang mit der sogenannten «indirekten Amortisation» zu positiven finanziellen und steuerlichen Ergebnissen führen. Beispielsweise könnte durch den gestaffelten Vorbezug die 2. Hypothek amortisiert werden und anschliessend der freie Kreditrahmen für steuerbegünstigte Kapitalanlagen verwendet werden mit dem Ziel, die künftige Steuerbelastung in etwa im bisherigen Rahmen halten zu können.

Wird bei der Frühpensionierung bereits Pensionskassenkapital ausbezahlt, sollte bei grossen Beträgen überlegt werden, den Wohnsitz vorgängig zur Beendigung des Arbeitsverhältnisses in einen für Pensionskassenauszahlungen steuergünstigen Kanton, z.B. in die Ferienkantone Graubünden und Tessin, zu verlegen, eventuell sogar ins Ausland. Pensionskassenauszahlungen ins Ausland unterliegen schweizerischen Quellensteuern von durchschnittlich etwa 8% (Bund und Kanton zusammen).

5.3 Kapital oder Rente?

Die häufigste Frage, die sich Vorsorgenehmer im Hinblick auf die bevorstehende Pensionierung stellen, ist die Frage, ob der Vorsorgeanspruch als Kapital oder als Rente bezogen werden soll. Die Beantwortung dieser Frage hängt von den individuellen Verhältnissen ab. Es gibt mehrere Möglichkeiten, wie bei (bzw. vor) der Pensionierung über den Pensionsanspruch verfügt werden kann. Im Vordergrund stehen vier Varianten:

- Bezug der Rente direkt von der Pensionskasse
- Bezug eines Teils als Kapital und eines Teils als Rente
- Auszahlung des Kapitals und Kauf einer privaten Leibrente
- Auszahlung des Kapitals und Anlage in Wertschriften

Keine der genannten Lösungen kann, für sich alleine genommen, befriedigen, weist doch jede Variante ihre Vor- und Nachteile aus. Hier die wichtigsten:

5.4 Vor- und Nachteile der Pensionskassenrente

Bei der Pensionskassenrente liegen die Vorteile auf der Hand.

- Vertrautheit. Verbleib bei der vertrauten Institution, kein Planungsaufwand, alles läuft automatisch weiter.

- Das Renteneinkommen ist auf Lebzeiten garantiert.

- Ist die Rente teilweise oder vollständig indexiert, resultiert ein inflationsgeschütztes Einkommen.

- Ist die Ehegattin bedeutend jünger als der Vorsorgenehmer, wird die Witwenrente voraussichtlich über eine sehr lange Zeit bezahlt, was ein finanzieller Vorteil ist.

- Befindet sich der Vorsorgenehmer in einer hervorragenden körperlichen Verfassung und haben schon seine Eltern und Grosseltern überdurchschnittlich lang gelebt, kann er damit rechnen, sehr alt zu werden. Dies bedeutet einen längeren Rentenbezug. Ist der Vorsorgenehmer umgekehrt kränklich oder hat er schon schwere gesundheitliche Schädigungen erlitten wie z.B. einen Herzinfarkt, sollte der Kapitalbezug gewählt werden, dies insbesondere auch dann, wenn die überlebende Witwe lediglich 40 oder 60% der Rente erhält.

Dem stehen oft Nachteile gegenüber, die sich in vielen Fällen als gravierend erweisen:

- Renteneinbusse. Die Übergangsregelung auf den Ehegatten ist bei vielen Pensionskassen ungünstig: Verstirbt der Rentenbezüger, erhält der überlebende Ehegatte lediglich 40 bis 60% der Rente.

- Lebt der Vorsorgenehmer mit einem anders- oder gleichgeschlechtlichen Lebenspartner zusammen, so hat dieser keinen Anspruch auf eine Witwen- bzw. Versorgerrente, wenn er ebenfalls erwerbstätig ist. In diesem Fall sollte das Kapital bezogen werden.

- Kapitalverlust. Sterben beide Ehegatten, gehen die Nachkommen leer aus. Das nicht verbrauchte Alterskapital verfällt der Pensionskasse.

- Es gibt kein Zurück: Der Rentenbezüger kann, wenn seine Rente einmal läuft, weder seinen Rentenbezug hinausschieben noch das noch nicht verbrauchte Kapital beziehen. Auch hinsichtlich der Rentenmodalitäten besteht keine Flexibilität. Das heisst: Eine Anpassung des Rentenbezugs an die persönlichen Einkommensverhältnisse ist nicht möglich. In vielen Fällen bezieht (und versteuert!) der Rentner mehr an Rente, als er effektiv für seinen Lebensunterhalt benötigt.

- Steuernachteil. Ab Rentenbeginn mit 65 bzw. 64 muss die Rente zu 80% versteuert werden, ab dem Jahr 2002 gar voll zu 100%. Damit sind entscheidende Steuervorteile verspielt. Der Steuernachteil nimmt mit zunehmender Steuerprogression zu. Verfügt also ein Vorsorgenehmer noch über Wertschriften- und / oder Liegenschaftenerträge, so können die BVG-Renten mit bis zu 40% besteuert werden. Dies bedeutet, dass von den Leistungen der Altersvorsorge bis zu 40% an den Staat gehen. In diesem Fall sollte das Kapital bezogen und möglichst steuergünstig angelegt werden.

- Teuerungsverlust. Nur bei sehr wenigen Pensionskassen wird die Teuerung voll ausgeglichen. Laufend abnehmende Realeinkommen sind die unvermeidliche Folge.

Bekanntlich haben in den letzten Jahren verschiedene Pensionskassen ihre Insolvenz anmelden müssen wegen eines schlechten Managements der Vermögensanlage oder der Unterschlagung von Pensionskassenbeiträgen durch den Arbeitgeber. Wählt man die Variante Rentenbezug, sollte man sicher sein, dass die Pensionskasse während der gesamten Dauer des Rentenbezugs, dabei kann es sich um 15 bis 30 Jahre handeln, ihren finanziellen Verpflichtungen nachkommen kann. Wer aber kann die Entwicklung über einen so langen Zeitraum abschätzen?

5.5 Vor- und Nachteile der privaten Leibrente

Und dies sind die Vorteile der privaten Leibrente einer Lebensversicherungsgesellschaft:

- Garantien. Zentral ist – wie bei der Pensionskasse – die Garantie eines lebenslänglichen Einkommens. Das Risiko eines «zu langen» Lebens, das heisst, dass das Vermögen nicht bis ans Lebensende reicht, fällt weg.

- Optionen. Die Gestaltungsmöglichkeiten sind vielfältiger als bei den allermeisten Pensionskassen: Möglichkeit des vollen Rentenübergangs (statt nur 60%) auf den Ehepartner. Möglichkeit der vollen Rückzahlung des nicht verbrauchten Kapitals an die Erben (sogenannte Rückgewähr) usw.

- Die Bonität einer erstklassigen schweizerischen Lebensversicherungsgesellschaft dürfte in vielen Fällen besser sein als diejenige der eigenen Pensionskasse. Wegen der langen Leistungsdauer einer BVG-Rente ist die Frage der Bonität des Leistungserbringers sehr wichtig.

Aber auch die private Rente hat schwerwiegende Nachteile:

- Steuernachteil. Wie bei der Pensionskasse ist die Steuerregelung für den Rentenbezug ungünstig: Zwar sind i.d.R. (je nach Kanton) nur 60% (evtl. neu ab 1.1.2001: 40%) der Rente steuerbar, aber auch dies bedeutet, dass der gesamte Kapitalverzehr versteuert werden muss – zum zweiten Mal, denn das Rentenkapital wurde ja bei Auszahlung bereits einmalig versteuert (PK-Auszahlung)!

- Starrheit. Ist die Rente einmal eingerichtet, sind Änderungen nicht mehr möglich oder müssen mit schwerwiegenden Wertverlusten erkauft werden. So kann der Rentenanspruch nicht mehr oder nur zu sehr ungünstigen Bedingungen zurückgekauft werden; ein Ausstieg aus der einmal gewählten Lösung ist de facto verunmöglicht.

- Schlechte Rendite: Die Rendite des jeweilig verbleibenden Restkapitals ist bei Renten sehr schlecht, weil wegen der Ungewissheit der Länge der Rentenzahlung von der Versicherungsgesellschaft durch eine entsprechende Reduktion der Rente Rechnung getragen wird.

Die Rendite liegt im Bereich von 2 bis 3%, wobei dann noch Einkommenssteuern auf 60% (evtl. 40%) der Rente in Abzug kommen.

Fallbeispiel: Private Rente mit Aktienanlagen:

Mit einer Einmaleinlage von 1 Mio. Franken im Alter 65 kann ein Mann eine lebenslängliche Rente von ca. Fr. 72'000.– kaufen. Bei einer Besteuerung von 60% der Rente mit einem Steuersatz von 35% verbleibt eine Rente nach Steuern von Fr. 56'900.–. Dies sind rund 5,7% der Einmalprämie, wobei aber das gesamte Kapital bis ans Lebensende des Rentenempfängers verbraucht wird. Würde man den gleichen Betrag in Aktienfonds mit einer Durchschnittsrendite von 8% investieren, würde sich ein steuerfreier Ertrag von Fr. 80'000.– pro Jahr ergeben, also rund Fr. 23'000.– mehr pro Jahr als bei der Leibrente. Der entscheidende Punkt ist aber, dass das in die Aktienfonds investierte Kapital beim Ableben des Investors immer noch vorhanden ist. Falls er nicht die ganze durchschnittliche jährliche Rendite von Fr. 80'000.– zur Bestreitung seiner Lebenshaltungskosten bezogen hat, verbleibt sogar ein höheres Kapital, als er ursprünglich angelegt hat. Würde er z.B. von der Gesamtrendite von Fr. 80'000.– einen Betrag von Fr. 57'000.– beziehen, also gleich viel wie die private Leibrente nach Steuern ergibt, würde ein Betrag von Fr. 23'000.– pro Jahr wieder angelegt. Dies sind 2,3% des investierten Kapitals von 1 Mio. Franken. Geht man von einer Restlebenserwartung von 30 Jahren aus (Endalter 85), würde unter diesen Voraussetzungen der Wert der Aktien nach 30 Jahren rund Fr. 1'978'000.– betragen. Das ursprüngliche Kapital hätte sich also bis zum Ableben fast verdoppelt, was natürlich die Erben sehr freuen wird. Demgegenüber wäre bei der Privatrente im Zeitpunkt des Todes des Rentenempfängers überhaupt kein Kapital mehr vorhanden. Dies sind enorme Unterschiede, die sich jeder potentielle Käufer einer privaten Leibrente gut überlegen sollte. Im übrigen ist die Annahme einer Rendite von 8% pro Jahr (Durchschnitt) für Aktienanlagen konservativ, wenn man bedenkt, dass Schweizer Aktien von 1925 bis 1996 pro Jahr mit 9,8%, nach Abzug der Teuerung mit 7,1% rentiert haben.

6. Steuertips für Liegenschaftenbesitzer

6.1 Mietertrag und Eigenmietwert

Im Zusammenhang mit der Besteuerung von Mieterträgen, z.B. von Ferienwohnungen, Zimmern in Einfamilienhäusern usw., tauchen immer wieder die gleichen Fragen auf, die ich nachfolgend zu beantworten versuche.

- Wenn Sie einzelne Räume Ihres Hauses an Dritte vermieten, z.B. Zimmer, Garagen etc.: In der Steuererklärung sind der Mietertrag von Dritten sowie der Eigenmietwert aufzuführen. Beachten Sie, dass der Mietwert um den Mietertrag zu reduzieren ist.

- Falls Sie ein Ferienhaus oder eine Zweitwohnung besitzen: Klären Sie ab, ob bei jährlich längeren Abwesenheiten oder bei Unmöglichkeit der Benützung während bestimmten Jahreszeiten, z.B. im Winter, der Mietwert reduziert werden kann.

- Kauf einer Liegenschaft, die zuerst renoviert werden muss, bevor sie bewohnt werden kann: Ein Eigenmietwert darf erst ab Bewohnbarkeit besteuert werden.

- Kauf einer Liegenschaft zur Vermietung: Auch wenn Sie die Liegenschaft längere Zeit nicht vermieten können, darf ein Eigenmietwert nicht besteuert werden. Das gilt auch, wenn die Liegenschaft in einer Feriengegend liegt. Die Beweislast der Nichtvermietbarkeit und Nichtbenützung für eigene Zwecke liegt allerdings bei Ihnen.

- Wenn Sie grössere Teile Ihres Hauses oder Ihrer Wohnung nicht mehr benützen, z.B. wegen Auszugs der Kinder, Tod des Ehegatten etc.: Erkundigen Sie sich bei Ihrer Steuerverwaltung, ob in solchen Fällen eine Reduktion des Eigenmietwertes erfolgen kann (Unternutzungsabzug).

- Wenn Sie damit beginnen, einen Teil Ihres Hauses für geschäftliche Zwecke zu nutzen: Schätzen Sie den Betrag, den ein Dritter für diese Räumlichkeiten bezahlen müsste, und bringen Sie diesen Betrag bei der Firma als Geschäftsunkosten zum Abzug. Belasten Sie der Firma ausserdem anteilsmässig die Nebenkosten wie Heizung, Gartenunterhalt, Strom, Abwassergebühren etc., aber auch anteilige Telefonkosten, wenn die Firma kein eigenes Telefonsystem hat. Bringen Sie die der Firma belastete Eigenmiete vom Mietwert in Abzug. Sie deklarieren also den restlichen Mietwert sowie die der Firma verrechnete Miete als Liegenschaftsertrag. Die anteilsmässig belasteten Nebenkosten sind steuerfrei.

- Falls Sie Räumlichkeiten Ihres selbstbewohnten Hauses pauschal inkl. Nebenkosten an Dritte vermietet haben: Steuerbar ist nur die Miete nach Abzug angenommener Nebenkosten, es sei denn, Sie machen die effektiven Unterhaltskosten geltend.

6.2 Vermögenssteuerwert

Trotz rückläufigen oder zumindest stagnierenden Liegenschaftenpreisen werden die Vermögenssteuerwerte der Liegenschaften in fast allen Kantonen laufend erhöht. Müssen Sie das überhaupt akzeptieren? Entscheidend ist, wie Sie auf die Neueinschätzung reagieren. Wenn Ihre Liegenschaft neu geschätzt wurde, stellen Sie innert der Rechtsmittelfrist fest:

- Ob der errechnete Vermögenssteuerwert und der Eigenmietwert für Sie nachvollziehbar sind. Wenn nicht, verlangen Sie von der Steuerverwaltung die Berechnungsgrundlagen.

- Ob in Ihrem Kanton schriftliche und öffentlich zugängliche Richtlinien über die steuerliche Schätzung von Liegenschaften bestehen. Verlangen Sie diese gegebenenfalls bei der Steuerverwaltung.

- Ob die in allenfalls vorhandenen schriftlichen Richtlinien enthaltenen Bewertungsfaktoren bezüglich Ihrer Liegenschaft richtig angewendet und gewichtet wurden.

- Ob der Eigenmietwert im Vergleich zu ähnlichen Liegenschaften in Ihrer unmittelbaren Umgebung gerechtfertigt erscheint. Sprechen Sie mit Ihren Nachbarn!

- Ob die seit der letzten Schätzung erfolgte Steigerung massvoll ist

- Verpassen Sie nicht die Rechtsmittelfrist, in der Regel 30 Tage, zur Einreichung einer Einsprache. Häufig ist die Steuerverwaltung bei einer offensichtlich falschen Schätzung auch von sich aus bereit, die Schätzung ohne formelle Einsprache zu korrigieren. Ein mündlicher Kontakt mit dem zuständigen Schätzer vor der Einreichung einer Einsprache ist auf jeden Fall empfehlenswert.

im Vergleich zur Entwicklung der Teuerung, z.B. des Baukostenindexes. Bei allgemeinen Neuschätzungen versagt allerdings diese Überlegung.

6.3 Geld anlegen oder Hypothek zurückzahlen?

Zahlreiche Eigenheimbesitzer stellen sich die Frage, ob sie einen Teil der Hypotheken mit Spargeldern, die lediglich zu rund $1^{1}/_{2}\%$ verzinst werden, zurückzahlen sollen.

Für die Beantwortung müssen die Nettokosten der Hypothek mit dem möglichen Nettoertrag alternativer Vermögensanlagen verglichen werden. Unberücksichtigt bleibt die persönliche Interessenlage des Eigentümers, wie beispielsweise der Wunsch nach schuldenfreiem Wohnen oder Unabhängigkeit von der Bank. Hypothekarzinsen sind vom steuerbaren Einkommen abziehbar. Die Nettokosten einer Hypothek sind somit tiefer als der normale Hypothekarzinssatz.

Beispiel:

Bei einem persönlichen Grenzsteuersatz von 35% reduzieren sich die Bruttozinsen von aktuell rund 4% (variabler Satz für I. Hypotheken) um 1,4% auf netto 2,6% (siehe Tabelle Seite 33). Wenn nun die für die Hypothekaramortisation vorhandenen Mittel anderweitig für mehr als 2,6% nach Steuern angelegt werden können, ist es nicht sinnvoll, die Hypothek zu amortisieren. Obwohl die Auswahl der Anlagemöglichkeiten im aktuellen Marktumfeld eingeschränkt ist, gibt es steuergünstige Varianten, bei denen die Rechnung aufgeht. In erster Linie sind folgende zwei Anlageformen von Bedeutung:

Anlagevariante 1: Aktien / Aktienfonds

Bei Aktienanlagen setzt sich die Rendite aus Kurssteigerungen und Dividenden zusammen. Für Privatpersonen sind nur die Dividendenerträge von rund ein bis zwei Prozent steuerbar. Der grosse Teil der Gesamtrendite von langfristig rund 8% pro Jahr bleibt somit steuerfrei. Dafür sind die Aktienanlagen in ihrer Wertentwicklung erheblichen Schwankungen ausgesetzt. Das Kursschwankungsrisiko kann jedoch mit zwei Massnahmen sinnvoll reduziert werden:

Erstens braucht es eine breite Streuung auf eine Vielzahl von einzelnen Titeln. Durch diese Kombination entsteht ein Portfolio mit einem deutlich geringeren Gesamtrisiko. Die Risiken lassen sich schon bei 20 Titeln um bis zur Hälfte reduzieren. Diese breite Diversifikation findet man bei Aktienfonds. Sie ermöglichen den Zugang zu ganz bestimmten Ländern, Regionen oder Branchen und verfügen über ein spezialisiertes Management.

Zweitens soll man Aktien oder Aktienfonds nur bei einem langfristigen Anlagehorizont von acht bis zehn Jahren erwerben. Dies bedeutet, dass die angelegten Mittel in dieser Zeit voraussichtlich nicht für andere Zwecke benötigt werden. Dann werden auch einzelne negative Börsenjahre mit Kurssteigerungen guter Jahre ausgeglichen.

Anlagevariante 2: Kapitalversicherungen mit Einmaleinlagen

Einmaleinlagen sind von der Anlageform her vergleichbar mit Obligationen bester Bonität. Es werden aber nicht, wie bei Obligationen, regelmässig Zinsen ausgeschüttet, sondern die erwirtschafteten Erträge werden bis zum Ablauf der Versicherung jährlich reinvestiert. Besonders interessant sind Einmaleinlagen, sofern die Anlagedauer mindestens zehn Jahre beträgt und bei Ablauf das Alter 60 vollendet ist. In diesem Fall ist die ganze Auszahlung steuerfrei. Diese Regelung gilt für den Bund und die meisten Kantone (Stand Gesetzgebung 1.11.1998).

6.4 Indirekt amortisieren, direkt Steuern sparen

Aufgrund unseres Steuerrechtes kann man niemandem unbesehen dazu raten, alle Hypotheken abzuzahlen, d.h. zu amortisieren. Zwar führt jede Reduktion der Hypothekarschuld umgehend zu einer wohltuenden Entlastung der Zinsrechnung, aber die unangenehme Begleiterscheinung ist, dass gleichzeitig weniger Abzüge vom steuerbaren Einkommen gemacht werden können. Fazit: Weniger Hypothekarzins, aber höhere Steuerbelastung. Viele Hauseigentümer haben dies in den letzten Jahren schmerzlich erfahren, vor allem dort, wo gleichzeitig die Eigenmietwerte massiv erhöht wurden. Mit dem Vorrechnen eines höheren, fiktiven Einkommens infolge Eigenmietwerterhöhung wird der sparsame Hauseigentümer, der fleissig amortisiert, am meisten bestraft.

Der Sparer muss nicht der Dumme sein

Die indirekte Amortisation schafft einen Ausweg aus diesem Dilemma. Sparen wird wieder interessant, auch steuerlich. Bei dieser Methode wird nämlich für die Dauer des Vertrages auf jede Rückzahlung der Hypothekarschuld verzichtet. Dafür wird das für die Rückzahlung der Hypothek gedachte Geld in einer Versicherung gespart. Und nach Ablauf der Versicherungsdauer kann man die versicherte Hypothekarschuld mit einer einzigen Zahlung amortisieren. Bei diesem Vorgehen bleibt die Hypothek in unveränderter Höhe bestehen. Ihre Zinslast wird also nicht Jahr für Jahr kleiner, wie bei der direkten Amortisation. Aber dafür bleibt auch der Abzug vom steuerbaren Einkommen in gleicher Höhe bestehen. Fazit: Unveränderte Hypothekarzinse, aber auch gleichbleibend hohe Steuerersparnisse.

Die Rechnung ohne den Wirt gemacht

Die indirekte Amortisation in eigener Regie sieht so aus: Statt dass man jedes Jahr einen Teil der Hypothek abzahlt, legt man das hierfür reservierte Geld auf ein Sparkonto oder in Obligationen an. In diesem Falle müssen Sie aber einen ausserordentlich glücklichen Zeitpunkt erwischen, um einen Gewinn zu machen. In aller Regel erreichen Sie einen Zinssatz, der deutlich unter dem Zinssatz für Hypotheken liegt. Dazu kommt, dass dieser Zinssatz durch die Einkommenssteuer auf Zinserträgen massiv reduziert wird. Wenn Sie also die indirekte Amortisation auf eigene Faust praktizieren, dann legen Sie drauf. Sie machen die Rechnung nämlich ohne den Wirt, und der Wirt heisst Fiskus.

Amortisationspolice – Amortisation via Lebensversicherung

Die indirekte Amortisation kann in zweckmässiger Weise mittels einer Lebensversicherung, einer «Amortisationspolice» realisiert werden. Sie zahlen anstelle der vorgesehenen Rückzahlungen eine jährliche Prämie, und bei Vertragsablauf können Sie im Erlebensfall mit der zur Auszahlung gelangenden Versicherungssumme zuzüglich Bonusguthaben die Rückzahlung in einem Mal vornehmen. Zudem profitieren Sie von einem umfassenden Versicherungsschutz; bei vorzeitigem Ableben wird die Versicherungssumme zuzüglich auflaufendem Bonusguthaben sofort zur Rückzahlung fällig und ermöglicht Ihren Angehörigen ein sorgenfreies Verbleiben im Eigenheim. Die mitversicherte Prämienbefreiung bei Erwerbsunfähigkeit zufolge Unfalls oder Krankheit stellt eine «Amortisationsgarantie» dar. Sie zahlen keine weiteren Prämien, und die Amortisationspolice bleibt ohne Einschränkungen inklusive Todesfallschutz weiter bestehen.

Amortisationspolice mit gebundener Vorsorge (Säule 3a)

Als Ergänzung zur beruflichen Vorsorge besteht seit 1985 die gebundene Vorsorge (Säule 3a), für welche Sie im Rahmen der gesetzlichen Maximalbeiträge die Beiträge vom steuerbaren Einkommen in Abzug bringen können. Haben Sie die Möglichkeit dieser gebundenen Vorsorge noch nicht ausgenützt, so können Sie eine solche Amortisationspolice als gebundene Vorsorge abschliessen, die Prämien vom steuerbaren Einkommen abziehen und damit bedeutende Steuervorteile realisieren, die Ihnen – über die gesamte Periode gesehen – die Amortisation von Hypotheken wesentlich verbilligt.

Amortisationspolice mit freier Vorsorge

Haben Sie die gebundene Vorsorge bereits für andere Zwecke, z.B. als Altersvorsorge, reserviert, so können Sie die indirekte Amortisation auch mit der freien Vorsorge realisieren. Sie profitieren zwar nicht mehr von den zusätzlichen Steuervorteilen der gebundenen Vorsorge, können aber dennoch ein attraktives Ergebnis zu Ihren Gunsten erzielen.

Verfügen Sie über Kapital, das Sie ganz oder teilweise zur Amortisation von Hypotheken einsetzen wollen, so prüfen Sie doch vorerst, ob eine Investition in eine Anlagepolice, finanziert mit einer Einmalprämie, sinnvoll wäre.

Eine solche Anlagepolice kann Ihnen gleich wie eine normale Amortisationspolice mit jährlicher Beitragszahlung einen wesentlichen finanziellen Vorteil bringen. Die bei Vertragsablauf zur Auszahlung gelangende Versicherungssumme samt Bonus wird nach Abzug des vorgesehenen Amortisationsbetrages den Mehraufwand an Hypothekarzinsen, reduziert um die Steuereinsparungen, wesentlich übersteigen. Zudem besteht auch hier ein umfassender Todesfallschutz.

Indirekte Amortisation der 1. Hypothek

Der Amortisation von ersten Hypotheken wird meist nicht die notwendige Aufmerksamkeit geschenkt. Die Folge kann sein, dass erst bei Erreichen des Pensionsalters realisiert wird, dass das Ruhestands-Einkommen nicht ausreicht, um die Kosten der Lebenshaltung und die Hypothekarzinsen zu decken. Haben Sie auch schon daran gedacht, dass eine Hypothekarschuld von Fr. 200'000, die zu 5,75% zu verzinsen ist, praktisch die Hälfte einer maximalen einfachen AHV-Rente «auffrisst»?

Übrigens:

Wenn Sie eine erste Hypothek freiwillig indirekt amortisieren, so besteht aufgrund der auslaufenden Versicherung keinerlei Verpflichtung, im gegebenen Zeitpunkt den zur Auszahlung gelangenden Betrag zur Rückzahlung der Hypothek zu verwenden. Sie können frei entscheiden und beispielsweise damit auch eine Renovation Ihrer Liegenschaft finanzieren.

Indirekte Amortisation der 2. Hypothek

Zweite Hypotheken sind in der Regel innerhalb einer bestimmten Frist zwingend zu amortisieren und eignen sich schon deshalb gut für die Anwendung der indirekten Amortisation. Wollen Sie eine bestehende Hypothek mit Amortisationspflicht auf eine indirekte Amortisation umstellen, so benötigen Sie dazu vorgängig das Einverständnis des Hypothekargläubigers.

Beim Neuerwerb von Grundeigentum ist mit Vorteil die Frage der indirekten Amortisation der zweiten Hypothek (aber auch der ersten Hypothek) bereits von Anfang an in die Planung der Finanzierung einzubeziehen.

Wer kann von der indirekten Amortisation profitieren?

Der Erfolg der indirekten Amortisation ist zwingend von den mit diesem System erzielbaren Steuervorteilen bzw. Steuereinsparungen abhängig. Dies bedeutet, dass im Einzelfall bestimmte Voraussetzungen erfüllt sein müssen, insbesondere:

- Es muss ein steuerbares Einkommen in genügender Höhe vorhanden sein. Berechnungen haben ergeben, dass dieses mindestens etwa Fr. 60'000 betragen sollte.

- Die finanziellen Verhältnisse sollten so sein, dass neben den Aufwendungen für die indirekte Amortisation bis zu deren Ablauf auch die Hypothekarzinsen in unveränderter Höhe weiterbezahlt werden können.

- Um ein gutes Ergebnis erzielen zu können, sollten für die indirekte Amortisation mindestens zehn Jahre zur Verfügung stehen.

- Schliesslich ist darauf hinzuweisen, dass die Vorteile der indirekten Amortisation auch von der Höhe der Steuerbelastung durch Kanton, Gemeinde und Kirche beeinflusst werden. Hohe Steuersätze führen automatisch zu höheren Steuereinsparungen.

Guter Rat ist nicht teuer

Wer Steuern einsparen will, sollte die Frage der indirekten Amortisation sorgfältig prüfen und sich durch einen Spezialisten kompetent beraten lassen.

7. Steuertips für Rentner

Die Steuerplanungsmöglichkeiten von Pensionierten sind sehr davon abhängig, ob sie eine Pensionskassenrente beziehen oder sich bei der Pensionierung das Pensionskassenkapital haben auszahlen lassen.

- Das Pensionskassenkapital sollte so angelegt werden, dass möglichst keine oder nur geringe steuerbare Kapitalerträge resultieren, z.B. in Kapitalversicherungen, Aktien und Aktienfonds sowie Optionsanleihen.

- Ein Renteneinkommen aus der Pensionskasse muss immer zusammen mit dem übrigen Einkommen, d.h. der AHV-Rente und allfälligen Kapitalerträgen, zu 100% versteuert werden. Ein schöner Teil der Pensionskassenrente geht damit wieder an den Staat. Bei einem hohen übrigen Einkommen ist also ein Kapitalbezug steuergünstig.

- Steuerlich ungünstig sind Leibrenten, insbesondere bei weiterem Einkommen, da in diesem Fall die Leibrente mit einer sehr grossen Progression besteuert wird. Leibrenten müssen nach den Vorschlägen von Bundesrat Villiger inskünftig zu 40% versteuert werden.

- Eine weitere Variante für die Einkommenssicherung ist der Abschluss von gestaffelt fällig werdenden Kapitalversicherungen mit Einmalprämie. Die Auszahlung ist im Bund und in den meisten Kantonen steuerfrei, falls sie nach dem 60. Altersjahr erfolgt.

- Rentner in einer hohen Progression können durch Vorvererbung von Liegenschaften oder Wertschriftendepots an ihre Kinder Steuern sparen.

- Steuerpflichtige mit einem grossen Vermögen und Wohnsitz in einem Kanton mit hohen Erbschaftssteuern sollten sich überlegen, den Kanton zu wechseln.

8. Steuertips für Konkubinatspaare

8.1 Wirtschaftliche Besserstellung Ihres Lebenspartners im Erbgang

- Haben Sie Ihre gesetzlichen Erben teilweise oder vollständig mittels Testament oder Erbvertrag mit Ihrem Lebenspartner auf den Pflichtteil gesetzt?
- Ist Ihr Partner darüber informiert und hat er eine Kopie Ihres Testamentes bzw. Erbvertrages?
- Haben Sie die Möglichkeit von Lebensversicherungen mit Ihrem Konkubinatspartner als Begünstigtem geprüft?
- Welche Möglichkeiten bestehen, Ihrem Partner einen Teil Ihres laufenden Einkommens zukommen zu lassen (Schenkung auf Raten, Anstellung in der eigenen Firma, Entschädigung für Haushaltbesorgung etc.)?
- Soll bei Mitarbeit Ihres Partners in Ihrer Firma ein formelles Anstellungsverhältnis begründet werden?
- Sollen bereits zu Ihren Lebzeiten einzelne Vermögenswerte dem Konkubinatspartner geschenkt werden?

8.2 Vermeiden Sie hohe Einkommens-, Erbschafts- und Schenkungssteuern

- Drängt sich angesichts hoher Erbschafts- und Schenkungssteuern in Ihrem derzeitigen Wohnsitzkanton ein Wohnsitzwechsel auf, evtl. sogar ins Ausland?
- Wäre es steuerlich günstiger, Ihrem Partner bereits zu Lebzeiten einzelne Vermögenswerte zu schenken, insbesondere Liegenschaften in einem Kanton mit keiner (Schwyz) oder nur einer tiefen Schenkungssteuer unter Nichtverwandten?

- Sollten Sie für Ihren Partner eine Lebensversicherung mit Jahresprämie mit ihm als Versicherungsnehmer und versicherter Person abschliessen und für ihn die Prämien zahlen?

- Sollten Sie Ihren Lebenspartner auch als Partner in Ihre Firma aufnehmen?

- Welche Möglichkeiten bestehen, die Einkommensprogression zwischen Ihnen anzugleichen, um gesamthaft weniger Einkommenssteuern zu bezahlen?

Steuertips für Kinderlose

Kinderlose Steuerzahler haben ein grundsätzliches Problem und zusätzlich ein erhebliches Steuerproblem. Die grundsätzliche Frage ist, wem sie ihr Vermögen nach dem Tod des Partners hinterlassen sollen, falls sie nicht alleinstehend sind. In Frage kommen Verwandte, nichtverwandte Drittpersonen und wohltätige Institutionen.

Bei Vererbung an entfernt Verwandte und Nichtverwandte ist in allen Kantonen mit Ausnahme von Schwyz mit sehr hohen Erbschaftssteuern zu rechnen, die im Kanton Glarus knapp 60% erreichen. Bei ausserkantonalen Liegenschaften richtet sich der Steuersatz nach dem Liegenschaftenkanton. Durch Kauf einer Liegenschaft im Kanton Schwyz kann die Erbschaftssteuer auf dem in der Liegenschaft investierten Teil des Vermögens völlig vermieden werden.

Ein Erbe, das einer wohltätigen Institution, z.B. einer Stiftung mit wohltätigem oder öffentlichem Zweck, vermacht wird, unterliegt nicht der Erbschaftssteuer, sofern die fragliche Institution steuerbefreit ist. Erkundigen Sie sich bei der kantonalen Steuerverwaltung; sie führt ein Verzeichnis der steuerbefreiten Institutionen.

Leibrentenverträge auf zwei Leben können ohne Rückgewähr abgeschlossen werden, sofern man nicht Wert darauf legt, die Rückgewährssumme jemandem zukommen zu lassen.

10. Steuertips für Familienaktionäre und GmbH-Teilhaber

Teilhaber von Familien-AGs und andern Kleinaktiengesellschaften und GmbHs haben ganz spezifische Möglichkeiten, ihre Steuerbelastung zu reduzieren. Dazu gehören:

- Bezug eines möglichst hohen Gehalts, damit die wirtschaftliche Doppelbelastung des Unternehmensgewinns vermindert werden kann.

- Neutralisierung hoher Gehälter, z.B. durch Nachzahlung von Pensionskassenbeiträgen für fehlende Beitragsjahre, Renovationskosten für Liegenschaften etc.

- Für die mitarbeitende Gattin / Partnerin sollte ein Salär abgerechnet werden, damit sie gegen Erwerbsausfall versichert ist, eigene AHV-Beiträge leisten und in die Pensionskasse aufgenommen werden kann.

- Falls die Firma später einem Dritten verkauft werden soll, sollten alle nichtbetriebsnotwendigen liquiden Mittel als Salär und / oder Dividende bezogen werden, da sonst die liquiden Mittel beim Verkauf besteuert werden.

- Es sollten keine nichtbetriebsnotwendigen Liegenschaften in die Firma eingebracht werden, da bei deren Veräusserung eine Doppelbesteuerung erfolgt und die Firma zudem «schwer» und damit ungeeignet für einen Verkauf wird.

- Nach erfolgter Umwandlung einer Einzelfirma in eine AG / GmbH muss eine Sperrfrist von mindestens 5 bis 8 Jahren eingehalten werden, damit ein steuerfreier Verkauf der Aktien erfolgen kann.

- Ausbau der obligatorischen Personalvorsorge und gegebenenfalls Errichtung einer Kaderstiftung für die Familienaktionäre und weitere nicht beteiligte Kadermitarbeiter. Falls sie in leitender Stellung mitarbeitet, kann auch die Ehegattin in die Kaderversicherung einbezogen werden.

- Bezug der Gewinne als Dividende, soweit sie nicht betriebsnotwendig sind und steuerliche Neutralisierung im Rahmen einer privaten Steuerplanung.

11. Steuertips für Selbständigerwerbende

Selbständigerwerbende, die in Form einer Einzelfirma oder als Gesellschafter einer Kollektiv- oder Kommanditgesellschaft tätig sind, haben vielfältige Möglichkeiten, ihre Steuerbelastung in Grenzen zu halten.

- Falls der nachhaltige Firmengewinn weniger als Fr. 140'000.– pro Jahr beträgt, sollten Sie einen Säule-3a-Vertrag mit Alters-, Todesfallkapital- und Erwerbsausfallrenten abschliessen. Die Prämie von maximal Fr. 28'000.– kann steuermindernd vom Einkommen abgezogen werden.

- Ist der nachhaltige Gewinn höher, sollte ein freiwilliger Anschluss an die Pensionskasse des Personals erfolgen. Sie können in diesem Fall maximal 20 bis 25% des jährlichen Reingewinns steuerfrei in die berufliche Vorsorge einlegen.

- Sie können in diesem Fall Nachtragszahlungen für fehlende Beitragsjahre in die Pensionskasse einzahlen und vom steuerbaren Einkommen abziehen.

- Wenn Sie einer Pensionskasse angeschlossen sind, können Sie noch zusätzlich die kleine Säule 3a mit einem jährlichen Beitrag von Fr. 5'731.– abschliessen. Auch diese Beiträge sind abzugsfähig.

- Wenn Ihre Gattin oder Lebensgefährtin mitarbeitet, sollte für sie mit der AHV ein Gehalt abgerechnet werden. Bis zu einem Gehalt von rund Fr. 71'000.– sind die Beiträge rentenbildend. Ab einem Gehalt von Fr. 24'000.– gehört sie obligatorisch der Pensionskasse des Personals an. Sie erhält damit Erwerbsausfall-Leistungen sowie ein Alterskapital. Zudem kann sie eine eigene Säule 3a aufbauen.

- Wenn Ihre Gattin / Partnerin mitverantwortlich zusammen mit Ihnen die Firma führt, ist eine Kollektivgesellschaft mit der Ehegattin/ Partnerin als Gesellschafter zu überlegen. In diesem Fall kann jeder der beiden Gatten 20% seines Erwerbseinkommens bei der

Säule 3a steuerlich abziehen, maximal jeweils rund Fr. 28'000.–. Selbstverständlich können sich beide Partner der Pensionskasse ihres Personals anschliessen, mit allen damit verbundenen Vorteilen.

- Wenn Sie voraussichtlich keinen Firmennachfolger aus der Familie haben, sollten Sie Ihre Firma rechtzeitig in eine AG oder GmbH umwandeln, damit der spätere Verkauf steuerfrei erfolgen kann. In den meisten Kantonen kann ein steuerfreier Verkauf erst nach Ablauf von 5 bis 8 Jahren seit der Umwandlung erfolgen.

- Alle Ihre Liegenschaften sollten sich in Ihrem Privatbesitz befinden und nicht Geschäftsvermögen sein, da damit schwere steuerliche Nachteile verbunden sind.

- Der Gewinn Ihrer Firma wird am Firmenort besteuert und nicht an Ihrem persönlichen Hautptsteuerdomizil, falls dieses vom Firmenort verschieden ist. Bedenken Sie dies, wenn Sie einen Firmenstandort wählen.

12. Steuertips für Anleger

12.1 Empfehlenswerte Anlagen und Dispositionen

- Kaufen Sie generell Wertschriften mit geringen laufenden Ausschüttungen und hohem Wertzuwachspotential, also Aktien und Aktienfonds.

- Kaufen Sie in Zeiten hoher Zinssätze niedrigverzinsliche Obligationen mit tiefem Kurswert, insbesondere Optionsanleihen ex Option.

- Kaufen Sie Nullprozent-Obligationen oder Obligationen mit Globalverzinsung. Verkaufen Sie solche Papiere vor Rückzahlung der Obligation durch den Schuldner (Achtung: Pro-rata-Besteuerung der Zinsen je nach Kanton und beim Bund).

- Reichen Sie jährlich einen Rückerstattungsantrag für die Verrechnungssteuer ein, falls Sie in Kantonen mit zweijähriger Bemessungsperiode wohnen.

- Kaufen Sie Obligationen kurz nach der letzten Zinszahlung und verkaufen Sie Obligationen kurz vor der nächsten Zinszahlung, sofern die Kursverhältnisse und die Transaktionsspesen dies erlauben. Wenn Sie dies allerdings systematisch betreiben, kann auf Steuerumgehung geschlossen werden.

- Kaufen Sie als Selbständigerwerbender oder Alleinaktionär Aktien und andere Beteiligungspapiere mit einem grossen Risikopotential über Ihre Firma, damit Sie allfällige Verluste steuerlich verrechnen können. Allerdings sind dann auch Kurs-, Währungs- und Kapitalgewinne steuerbares Einkommen bzw. Ertrag.

- Machen Sie alle Verwaltungskosten geltend, die steuerlich abzugsfähig sind.

12.2 Anlagen und Dispositionen, die Sie vermeiden sollten

- Vermeiden Sie generell Anlagen mit hohen laufenden Ausschüttungen, z.B. Obligationen. Halten Sie Ihren Obligationenanteil via eine fondsgebundene Kapitalversicherung mit Einmalprämie.

- Nehmen Sie keine Anlagen in Festgeld vor, es sei denn, das Festgeld dient lediglich der vorübergehenden Anlage liquider Mittel.

- Kaufen Sie nach Möglichkeit keine Obligationen, Aktien etc. mit Quellensteuerabzügen, z.B. Verrechnungssteuer, ausländische Quellensteuern etc.

- Kaufen Sie keine Aktien über dem Nominalwert von Firmen, deren Liquidation demnächst geplant ist, da die gesamte Differenz zwischen Liquidationserlös und Nominalwert (nicht dem von Ihnen bezahlten Kaufpreis) als Einkommen besteuert wird.

- Vermeiden Sie Anlagen in Wertzuwachs-Obligationenfonds etc., da die jährlichen Erträge besteuert werden. Falls Sie solche Anlagen bereits halten, verkaufen Sie diese vor dem nächsten Bilanzstichtag des Anlagefonds.

- Kaufen Sie keine Kassaobligationen! Sie ernten nur Nachteile, nämlich die volle Besteuerung des gesamten Ertrages, keine Kurschancen, keine Verfügbarkeit bis zur Rückzahlung sowie ein Bonitätsrisiko, je nach Bank. Kaufen Sie statt dessen tiefverzinsliche Optionsanleihen erstklassiger Schuldner. Damit fahren Sie in jeder Hinsicht besser.

- Vermeiden Sie Aktien von Firmen, die regelmässig Cash- oder Titeloptionen ausgeben, da diese bei regelmässiger Ausgabe wie Dividenden besteuert werden.

- Verkaufen Sie keine Aktien an die AG, welche die Aktien ausgegeben hat, z.B. im Rahmen von Aktienrückkäufen. Die Differenz zwischen dem Verkaufserlös und dem Nominalwert der Aktien wird nämlich als Vermögensertrag besteuert. Verkaufen Sie die Aktien über die Börse.

12.3 Gewerbsmässiger Wertschriftenhandel

Bei vermögenden Anlegern besteht beim Vorliegen bestimmter Umstände die Gefahr, dass sie als gewerbsmässiger Wertschriftenhändler qualifiziert werden. Die Folge ist, dass auf den erzielten Kapital-, Kurs- und Währungsgewinnen Einkommenssteuer und AHV zu bezahlen sind. Der Bundesrat hat im Oktober 1998 angekündigt, dass er in Zukunft gegen Wertschriftenbesitzer vorgehen werde, d.h. die erzielten Gewinne besteuern wird, wenn nach den konkreten Umständen ein gewerbsmässiger Wertschriftenhandel vorliegt. Folgende Umstände können zu einer Qualifikation als gewerbsmässiger Wertschriftenhändler führen:

- Häufigkeit der Transaktionen: Gelegentliche Käufe und Verkäufe sind nicht schädlich. Werden jedoch z.B. 20 Positionen pro Jahr 40 mal umgeschlagen, so liegt bereits ein Indiz für Gewerbsmässigkeit vor.

- Planmässigkeit: Wenn systematisch und bewusst Risiken eingegangen werden, um rasche und grosse Kapitalgewinne zu erzielen, kann Gewerbsmässigkeit vorliegen. Dies ist insbesondere der Fall beim Einsatz von derivativen Instrumenten, die nicht nur der Kurssicherung dienen, wie z.B. Call- und Put-Optionen etc.

- Einsatz besonderer Fachkenntnisse: Wenn ein Anleger hauptberuflich im Finanzbereich tätig ist, z.B. als Vermögensverwalter, Bankangestellter, Wertschriftenhändler, Finanzberater oder Treuhänder, nützt er seine speziellen Fachkenntnisse im Rahmen der privaten Verwaltung seines Wertschriftendepots aus.

- Einsatz von Fremdkapital: Finanziert jemand die Käufe und Verkäufe durch Aufnahme von Krediten, z.B. Lombard-Kredite auf dem Wertschriftendepot, Hypothekarkredite etc., um die Rendite des eingesetzten Eigenkapitals zu verbessern, kann ebenfalls Gewerbsmässigkeit angenommen werden.

Wichtig:

Für die Qualifikation als gewerbsmässiger Wertschriftenhandel kann bereits ein einziges Kriterium genügen, wenn es genügend stark ins Gewicht fällt.

Die Gefahr, als gewerbsmässiger Wertschriftenhändler qualifiziert zu werden, besteht vor allem bei Börsenhändlern und Anlageberatern, die neben dem Einsatz ihrer speziellen Fachkenntnisse direkt und persönlich am Wertschriftenhandel teilnehmen. Gefahr besteht aber auch beim Einsatz von Lombardkrediten und Derivaten zur Gewinnerzielung oder Kurssicherung.

13. Steuertips für Firmengründer

Neben den üblichen Grundfragen bei der Gründung einer Firma sind die Rechtsform, die Aufteilung des Geschäfts- und des Privatvermögens sowie die gewählte Erwerbsausfall-, Alters- und Todesfallvorsorge von grosser Bedeutung im Hinblick auf die Steuerbelastung.

13.1 Rechtsform

- Klären Sie die wirtschaftlichen und steuerlichen Vor- und Nachteile der AG und GmbH einerseits und der Einzelfirma / Personengesellschaft andererseits zusammen mit einem Steuerberater ab.

- Vergleichen Sie die Gesamtbelastung mit Steuern und Sozialversicherungsbeiträgen von AG / GmbH / Gesellschafter im Vergleich zu Einzelfirma / Personengesellschaft.

- Möglichkeit, Einzelfirma / Personengesellschaft in einem späteren Zeitpunkt steuerfrei in eine AG oder GmbH umzuwandeln.

- Freiwilliger Beitritt zur Pensionskasse des Personals bei Einzelfirma / Personengesellschaft.

- Möglichkeit einer steuergünstigen Zwischenveranlagung, wenn bisher unselbständigerwerbend, bei Gründung einer Einzelfirma / Personengesellschaft.

- Bei Auseinanderfallen von Geschäftssitz und persönlichem Wohnsitz: Falls Steuerbelastung am Geschäftssitz höher als am persönlichen Wohnsitz, dann eher AG / GmbH, falls tiefer, dann eher Einzelfirma / Personengesellschaft.

13.2 Privatvermögen – Geschäftsvermögen

- Wollen Sie einzelne private Vermögenswerte in die Firma einbringen (Mobiliar, Fahrzeuge, Patente, Maschinen etc.)?

- Wie wollen Sie diese Vermögenswerte bewerten?
- Welche Abschreibungsmöglichkeiten ergeben sich daraus?
- Können sich Folgen bei der Einkommenssteuer ergeben, weil Sie den Wert selbst geschaffen und bisher nicht versteuert haben, z.B. Patente, Eigenleistungen aller Art etc.?
- Wie sind die Steuerfolgen, falls die Firma diese Werte später einmal veräussert, z.B. eine Liegenschaft?
- Ist die laufende Besteuerung der Erträge dieser Vermögenswerte ungünstiger als bisher, z.B. Wegfall des pauschalen Unkostenabzuges bei Liegenschaften, Verlust eines eventuellen Eigenmietwertabzuges etc.?

13.3 Bilanzstruktur

- Wie sieht die voraussichtliche Gründungsbilanz aus (Zusammensetzung der Aktiven und Passiven)?
- Falls AG / GmbH: Welche Möglichkeiten zur Reduzierung der wirtschaftlichen Doppelbelastung sind konkret möglich (Gesellschafterdarlehen, Vermietung einer privaten Liegenschaft, Salärpolitik, Übernahme des Privatfahrzeuges in die Firma etc.).
- Falls AG / GmbH: Kann durch eine Erhöhung des Gesellschaftskapitals die Ertragsintensität und damit die Ertragssteuer gesenkt werden?

13.4 Zwischenveranlagung

- Findet aufgrund der gewählten Rechtsform eine Zwischenveranlagung statt oder nicht?
- Falls ja: Wird ein bisher hohes Erwerbseinkommen nicht mehr besteuert? Welche Steuerersparnisse resultieren?
- Mit welchem voraussichtlichen Erwerbseinkommen ist ab Datum der Zwischenveranlagung zu rechnen?
- Was wäre aus steuerlicher Sicht der optimale Zeitpunkt für die Zwischenveranlagung?

13.5 Mitarbeit des Ehe- / Lebenspartners

- Soll der Ehepartner in der Firma mitarbeiten?
- Soll der Ehepartner angestellt oder – bei Personengesellschaften – Gesellschafter sein?
- Wie hoch soll das Salär bemessen werden (Sozialabgaben, Altersvorsorge, Reduktion der wirtschaftlichen Doppelbelastung bei AG / GmbH)?

13.6 Erster Jahresabschluss

- Was wäre aus betrieblicher Sicht und ohne Rücksicht auf steuerliche Überlegungen ein günstiges Abschlussdatum?
- Erwarten Sie bis zu diesem Datum einen Gewinn oder einen Verlust, umgerechnet auf 12 Monate Geschäftstätigkeit?
- Falls ein Gewinn resultiert, kann dieser durch die Wahl eines andern Abschlussdatums reduziert werden?
- Welche weiteren Möglichkeiten bestehen, den steuerbaren Gewinn des 1. Geschäftsjahres zu reduzieren?

13.7 Vorsorge

- Selbständigerwerbende, die nachhaltig mehr als Fr. 140'000.– pro Jahr verdienen, sollten sich freiwillig der beruflichen Vorsorge ihres Personals oder ihrer Verbandsvorrichtung anschliessen, da in diesem Fall der maximal mögliche Beitrag von 20 bis 25% des Erwerbseinkommens höher ist als der auf Fr. 28'000.– begrenzte Abzug bei der Säule 3a. Die kleine Säule 3a ist zusätzlich möglich.
- Welcher Vorsorgebedarf besteht für den Fall länger dauernder Erwerbsunfähigkeit wegen Krankheit oder Unfall?
- Wie kann die berufliche Vorsorge möglichst steuersparend gestaltet werden?
- Sollen steuersparende Nachzahlungen für fehlende Beitragsjahre geleistet werden?

- Sollen Freizügigkeitsleistungen der beruflichen Vorsorge aus dem bisherigen Arbeitsverhältnis bezogen oder in die neue Personalfürsorge-Stiftung eingebracht werden?

- Arbeitet die Gattin im Betrieb ihres Mannes mit, kann sie Abzüge vornehmen, selbst dann, wenn sie mit der AHV kein Einkommen abrechnet. Ist die Gattin einfache Gesellschafterin oder Kollektivgesellschafterin ihres Mannes, kann sie ebenfalls 20% abziehen, maximal Fr. 28'656.– pro Jahr.

- Bei Altersguthaben von Selbständigerwerbenden, die mehrere hunderttausend Franken betragen können, kann durch einen Kantonswechsel, z.B. in den steuergünstigen Kanton Graubünden, die Auszahlungsbesteuerung unter Umständen stark reduziert werden.

- Verlegt man vor der Auszahlung seinen Wohnsitz ins Ausland, wird von der Auszahlung die kantonale und die Bundesquellensteuer abgezogen, zusammen maximal 9 bis 10%. Dies kann bedeutend weniger sein als die ordentliche Besteuerung bei Wohnsitz in der Schweiz.

13.8 Steuern bei der Gründung

- Stempelsteuer bei AG / GmbH (Umwandlung, Gründung).

- Handänderungssteuern, falls Einbringung einer Liegenschaft in eine AG / GmbH.

- Steuer auf Liquidationsgewinnen bei Umwandlung und gleichzeitiger Überführung von Geschäfts- in Privatvermögen, z.B. Liegenschaften.

14. Steuertips für Doppelverdiener

Doppelverdienern stehen gegenüber Einzelverdienern einige zusätzliche Steuersparmöglichkeiten offen:

- Beide Verdiener können grundsätzlich Beiträge in die Pensionskasse für fehlende Beitragsjahre leisten.

- Beide Verdiener können eine Säule 3a abschliessen.

- Beide Verdiener können grundsätzlich Vorbezüge aus ihrer Pensionskasse machen, um eine selbstbewohnte Liegenschaft zu kaufen, die Liegenschaft zu renovieren oder die Hypothek auf einer selbstbewohnten Liegenschaft zu reduzieren. Eine ebenfalls verdienende Ehegattin / Partnerin kann einen Vorbezug nur dann tätigen, wenn sie ebenfalls Eigentümerin der selbstbewohnten Liegenschaft ist. Gegebenenfalls müssen vor einem Vorbezug die Eigentumsverhältnisse geändert werden.

- Fast alle Kantone gewähren einen Doppelverdiener-Abzug.

- In einigen Kantonen können Doppelverdiener-Ehepaare Abzüge für eine Haushalthilfe machen.

- Doppelverdienerpaare, ob verheiratet oder nicht, sollten bei ihrer Pensionskasse sicherstellen, dass der andere Partner vorsorgerechtlich einem Ehepartner gleichgestellt wird. Dies gilt insbesondere für die erwerbstätige Ehegattin, die daran interessiert sein sollte, dass ihr Ehegatte bei ihrem Vorversterben eine Witwerrente erhält. Dies gilt aber auch für Konkubinatspartner.

- Leistungen aus der Pensionskasse und der Säule 3a sollten nicht im gleichen Jahr bezogen werden, um die Progression zu brechen. Geht man von zwei Verdienern aus, die beide noch einen Säule-3a-Vertrag haben, werden also insgesamt vier Auszahlungen fällig, die insgesamt auf vier Jahre verteilt werden sollten.

15. Steuertips für Scheidungskandidaten

Neben dem in vielen Fällen vorhandenen Gefühl, in menschlicher Hinsicht versagt zu haben, kommen bei einer Scheidung oft finanzielle Probleme hinzu, denn mit dem meist gleichen Einkommen wie bisher müssen nun zwei Haushalte, insbesondere zwei Wohnstätten, finanziert werden. Da lohnt es sich schon, sich auch über die steuerlichen Auswirkungen der Scheidung Gedanken zu machen und eine Optimierung anzustreben.

Folgende Fragen sollten Sie sich stellen:

- Wie hoch ist die Errungenschaft, also das, was mit dem bisherigen Ehepartner zu teilen ist?

- Wie hoch sind die Ansprüche Ihres Ehepartners an diesem Vorschlag?

- Mit welchen Vermögenswerten könnten diese Ansprüche befriedigt werden?

- Könnten sich daraus Steuerfolgen ergeben, z.B. wegen Übereignung von Liegenschaften?

- Sollen unter steuerlichen Aspekten die Ansprüche des Ehegatten unter dem Titel «güterrechtliche Ansprüche» oder «Ehegattenalimente» geleistet werden?

- Sollten aus steuerlicher Sicht die Ehegattenalimente eher hoch und dafür die Kinderalimente eher tief oder umgekehrt angesetzt werden?

- Sollen aus steuerlicher Sicht die Ansprüche des Ehegatten und / oder der Kinder als einmalige Kapitalzahlung oder als laufende Zahlungen (Alimente) geleistet werden?

Unternehmer sollten sich folgende zusätzliche Fragen stellen:

- Ist die Firma Ihr Eigengut oder Errungenschaft?
- Wenn Errungenschaft, wie hoch ist der approximative Wert der Firma?
- Falls Errungenschaft: Sind genügend freie Vermögenswerte ausserhalb der Firma vorhanden, um den Ehegatten abzufinden?
- Falls freie Vermögenswerte zur Abfindung nicht ausreichen: Kann ein Bankdarlehen aufgenommen werden mittels Verpfändung von Aktiven oder der Firma selbst (Aktien bei AG), um den Ehegatten abzufinden?
- Kann eventuell eine Minderheitsbeteiligung verkauft werden, um den Ehegatten abzufinden?
- Falls diese Varianten nicht durchführbar sind: Ist der Ehegatte bereit, seine Ansprüche teilweise oder vollständig als Darlehen stehenzulassen gegen entsprechende Sicherstellung, Abzahlungs- und Verzinsungsvereinbarung?
- Falls auch dies nicht möglich ist: Soll dem Ehegatten ein Teil der Firma übereignet werden (Variante, die möglichst vermieden werden sollte)?
- Welche Steuerfolgen sind in diesem Fall zu erwarten, z.B. Besteuerung eines Liquidationsgewinns bei Übergabe geschäftlicher Vermögenswerte mit stillen Reserven an den Ehepartner, z.B. einer Liegenschaft?
- Können bei der Beteiligung des Ehepartners an einer AG eventuell Partizipationsscheine ausgegeben werden, um eine Mitsprache zu verhindern, allenfalls Stimmrechtsaktien zugunsten des Hauptaktionärs?

Publikationen und Steuer-Service

16.1 Allgemein

- Chapman Elwood N.: «Hurra, es ist Feierabend – Vorbereitung auf den 3. Lebensabschnitt», Ueberreuter, 1997

- Eidgenössische Steuerverwaltung, Steuerbelastung in der Schweiz, 1996 (Belastungstabellen für Einkommens-, Vermögens-, Grundstückgewinn- sowie Erbschafts- und Schenkungssteuern)

- Gross Günter F.: «Beruflich Profi, privat Amateur – Berufliche Spitzenleistungen und persönliche Lebensqualität», 11. Auflage, Moderne Industrie, 1994

- Hug Heiner: «Die Alten kommen», Orell Füssli, Zürich 1992

- Walter D. / Müller H., «Den Jahren Leben geben – Altersvorsorge durch langfristige Planung», Verband der Raiffeisenbanken, St. Gallen, 2. Auflage 1995

- Wittmann Walter: «Das globale Desaster – Politik und Finanzen im Bankrott», Wirtschaftsverlag Langen, Müller / Herbig, München 1995

16.2 Berufliche Vorsorge

- Fernsehen DRS, Bolli Kurt Hrsg: «Alles über die AHV», Sauerländer, Aarau, 6. Auflage 1994

- Helbling Carl: «Personalvorsorge und BVG», Haupt, Bern 1992

- Klöckner Bernd W.: «Mehr Geld für's Alter», Campus, Frankfurt 1995

- Küntzel Uwe / Wachauf Gerhard: «Empfehlenswerte Modelle für Ihre Altersvorsorge», H + G Verlags- und Vertriebs-GmbH, Baierbrunn 1994

- Schwarzenbach Hans Rudolf: «Berufliche Vorsorge in Text und Tafeln», Schulthess, Zürich 1995
- Stauffer Hans-Ulrich: «Pensionskasse: Das Beste daraus machen!», Unionsverlag, Zürich 1995

16.3 Vermögensanlagen

- Bolanz / Matter: «Geld-Tip, der persönliche Finanzberater»
- Gehrig B. / Zimmermann H.: «Fit for Finance», NZZ-Verlag, 2. Auflage 1996
- Gideon Bruno: «Lieber Herr Gideon»... Die wichtigsten Fragen und Antworten aus «Ratgeber Geldfragen», Weid Verlag
- Heri Erwin W.: «Was Anleger auch noch wissen sollten», Helbling & Lichtenhahn, Basel 1996
- Jakob / Rippmann: «Mein Geld – Sparen, Vorsorge, Anlegen», Beobachter-Ratgeber, 4. Auflage 1993
- Lattmann Jürg M. / Trachsler Jacques: «Das Buch von Geld – Ratgeber für Sparer und Anleger», Fortuna Finanz-Verlag, 5. Auflage 1992 (sehr informativ)
- Lattmann Jürg M. / Trachsler Jacques / Horlacher Felix: «Das neue Sparbuch», Werd, Zürich 1996
- Lattmann Jürg M. / Trachler Jacques: «Ihre 1. Million. Kein Wunschtraum», Fortuna Finanz-Verlag, Zürich 1992
- Martens Klaus: «Wegweiser für Kapitalanlagen», Fortuna Finanz-Verlag
- Pictet & Cie. «Die Performance von Aktien und Obligationen in der Schweiz» Genf 1994, mit Aktualisierung bis Ende 1996
- Trachsler Jacques: «Sparen, Cash und viel Rendite – Gesammelte Antworten zu wichtigen Geldfragen», Zyklen-Trend-Verlag, Winterthur 1994

16.4 Vermögensnachfolge

- Hardmeier Hans Ulrich: «Ehegüter- und Erbrecht», Schweizerische Kreditanstalt, Zürich 1994

- Iten Alphons: «Vorsorge für den Erbfall», Schweizerischer Hauseigentümerverband, Zürich 1996

- Salzmann Wolfgang: «Mein und Dein in der Ehe – wer erbt?», Visura, Zürich 1988

- Schenker Urs / Schenker Franz / Schmid Rolf: «Nachlassplanung», Baker & McKenzie, Zürich 1995

- Studer Benno: «Testament Erbschaft», Beobachter, Jean Frey, Zürich 1994

- Bopp-Fondsführer Schweiz

16.5 Steuern

- Bolanz / Matter: «Steuer-Tip, der persönliche Steuerberater»

- Fischer Thomas: «Persönliche Steuer- und Vorsorgeplanung», Cosmos Verlag, 3. Auflage, Muri b. Bern, 1996

- Fischer Thomas: «Steuerratgeber für Hauseigentümer», Schweizerischer Hauseigentümerverband, Zürich 1997

- Fischer Thomas / «BILANZ»: «Steuerbrevier für Unternehmer und Führungskräfte», Verlag «BILANZ», 1997

- Mühlemann Daniel / Müller Fritz: «Steuern und Kapitalanlage – Steuerhandbuch für den privaten Kapitalanleger», Verlag Finanz und Wirtschaft, Zürich, 1994

16.6 Vorsorgeplanung – Gesamtplanung

- Dr. Thomas Fischer & Partner
  Blegistrasse 11b
  6342 Baar-Sihlbrugg
  Tel. 041-768 11 55
  Fax 041-768 11 66
  E-mail: office@dr-fischer-partner.ch
  Internet: www.dr-fischer-partner.ch

- VZ-Banken- und Versicherungszentrum
  Beethovenstrasse 20 – 24
  8002 Zürich
  Tel. 01-202 25 25

- Jürg M. Lattmann AG
  Baarerstrasse 53
  6304 Zug
  Tel. 041-726 55 00